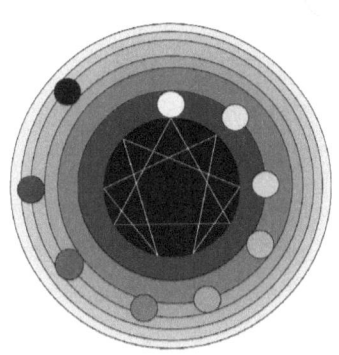

Scala Dei

continuum

DSCampos

A escuras, y segura
por la secreta escala disfrazada
¡Oh, dichosa ventura!
A escuras y encelada
estando ya mi casa sosegada.

San Juan de la Cruz

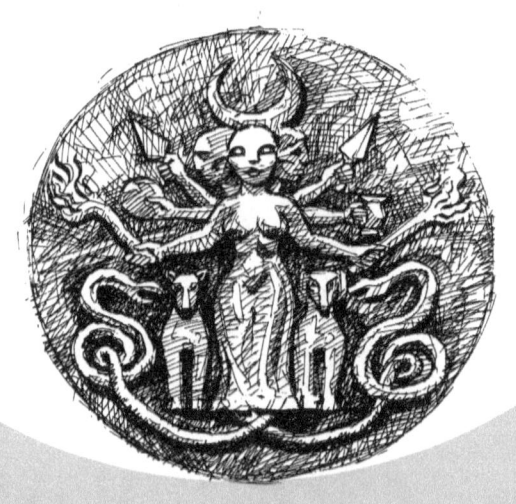

Copyright © 2015 by Diego Sánchez Campos
Todos los derechos reservados

Contenido

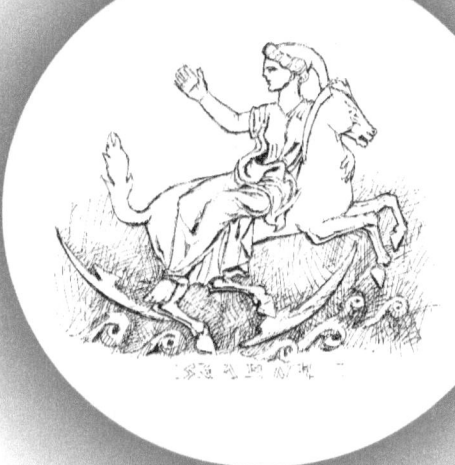

El Tiempo de los Dioses .... pag.~3
Fractal .... pag.~4
La División de la Unidad .... pag.~6
La Ley de Tres .... pag.~7
Geometría Espacio-Temporal .... pag.~8
Kosmos .... pag.~12
Gnomon .... pag.~13
La Octava .... pag.~17
La Semana .... pag.~18
La Octava del Hombre .... pag.~19
Continuum .... pag.~42

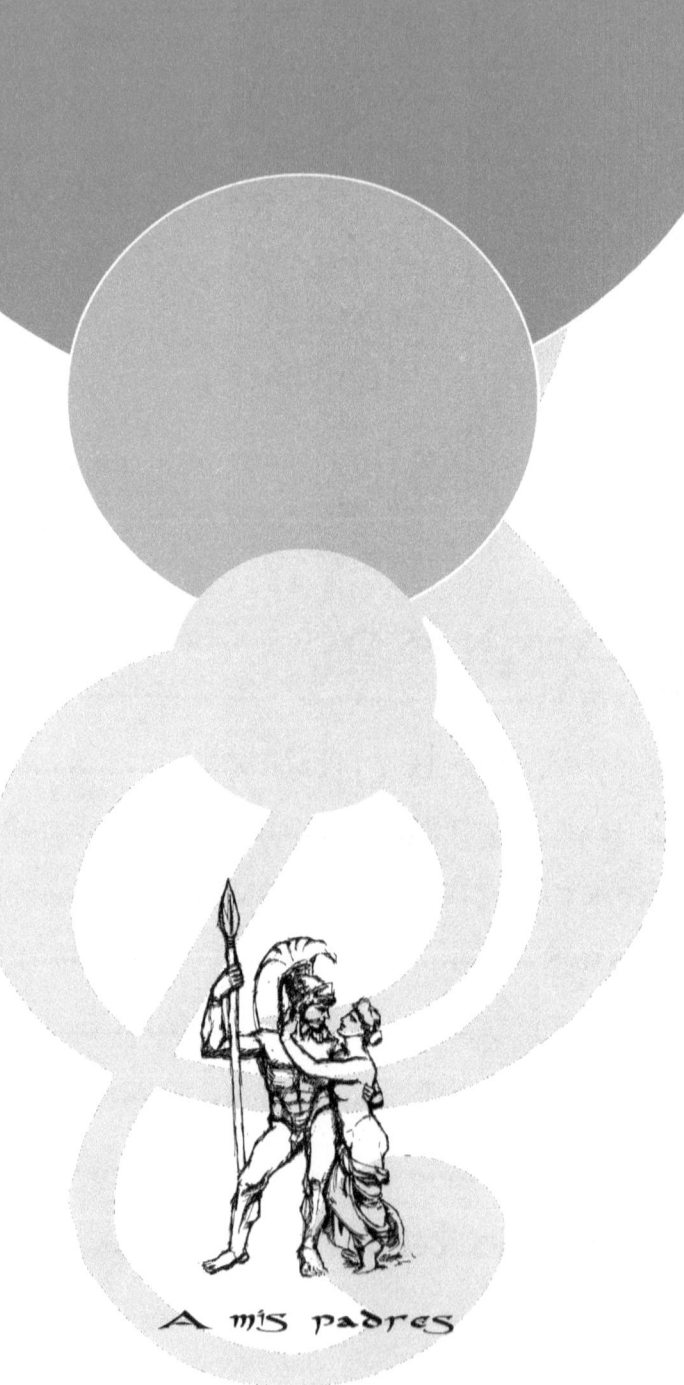

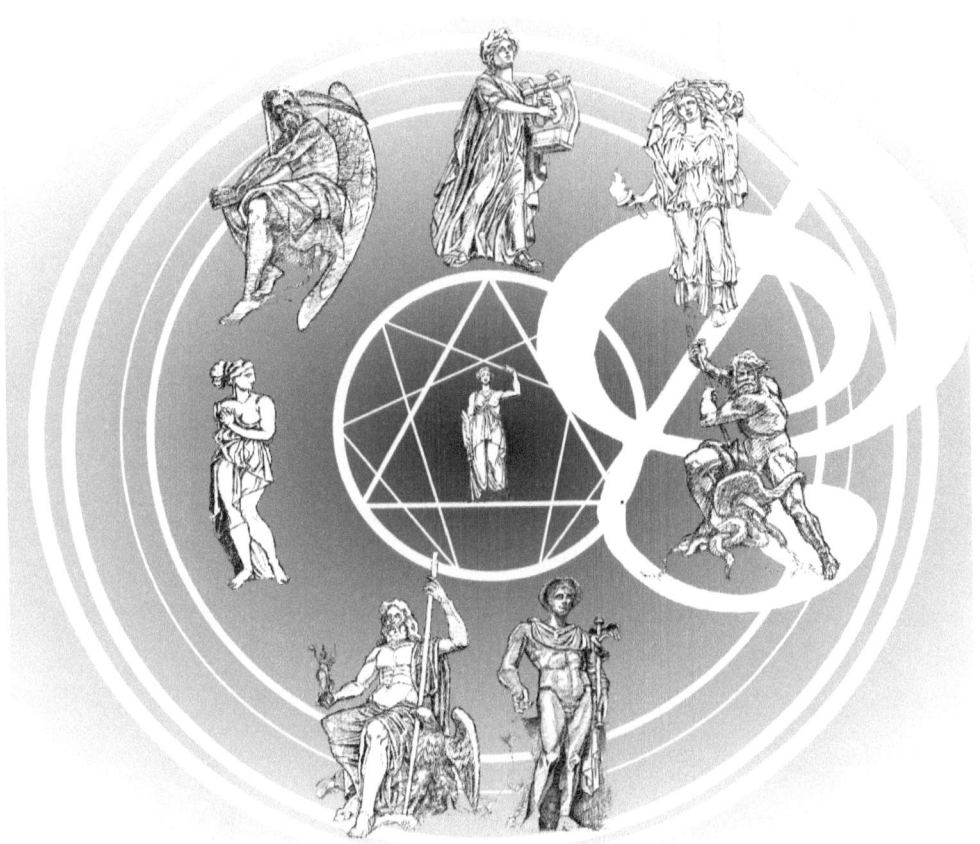

El Tiempo de los Dioses

Tales son las siete propiedades de la madre universal. El Altísimo le ha dado la forma de una rueda, de manera que ese ser entero no constituye sino una sola cosa, organizada como el alma del hombre, un solo Ser, imagen de la Eternidad según su Alma, e imagen del Tiempo según su Forma.

Dios nos ha dado el poder de hacernos hijos suyos, ¿Por qué no sobrepasaríamos la maldición de la tierra?, basta con una Comprensión Divina, que florecerá en el Tiempo de los Dioses y no en el de Babel.

Jakob Böhme
De Signatura Rerum

Fractal

Vivimos en un Universo ordenado, esta sola idea basta para laminar por completo todas las pseudoteorías en que se basa la sedicente ciencia actual.

De la infinita escala vibratoria que forma nuestro Universo, nosotros apenas tenemos acceso a una "ventana" de unas tres octavas, es decir, miramos una realidad infinita a trvés de una rendija.

Pero este Universo posee una estructura fractal, esto es, autorreplicante a todos los niveles, está compuesto de repeticiones ordenadas de sí mismo, y, como cada parte contiene el todo, el ser humano tiene la posibilidad de entender aquello que no alcanza a ver, por medio de la analogía.

Esta idea quedó fijada hace mucho tiempo en una frase bien conocida, que nunca ha dejado de dar fruto, atribuida al padre del hermetismo, Hermes Trismegisto.

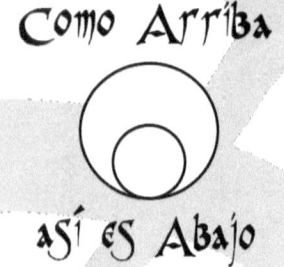

Como Arriba así es Abajo

Dice Ramón Llull que Dios ha dispuesto así las cosas, para que el hombre tenga ante sí, una imagen comprensible del todo.

En la actualidad se ha acuñado el término "Universo Holográfico", para denotar la misma idea, sólo que de un modo menos preciso, pues mientras los fractales son una realidad omnipresente y perfectamentew objetiva, es imposible hablar con propiedad de un universo holográfico.

El Arte Objetivo de todas las épocas comprendió la importancia de estas estructuras y no dudó en basarse en sus principios con la idea de reproducir en la Tierra las mismas formaciones cósmicas, como podemos ver en templos hindúes o catedrales cristianas.

Estos principios del Arte Objetivo son; las variaciones sobre un tema, la existencia de la escala ,y la repetición a todas las escalas, la octava, la existencia de armónicos, la división de la unidad, y el "horror vacui", aspectos fractales manifestados en la naturaleza por doquier.

La música antigua no se basaba en el ritmo y la armonía como hace la nuestra, sino en la existencia y el desarrollo de los armónicos internos, en otras palabras, en su estructura fractal.

Fractal

Una clara analogía de la estructura del Todo que llamamos Universo, la tenemos en esta coliflor, de nombre, "romanescu", donde vemos clara y objetivamente, como el Todo está formado por pequeñas réplicas de sí mismo a todos los niveles, y también podemos ver que esas pequeñas copias no podrían existir fuera del Todo, pues en el,"viven, se mueven y tienen su ser", parafraseando al apóstol.

Matemáticamente, una fórmula para generar fractales es algo muy sencillo, el poder de los fractales procede de la recursión, y esta es una característica geométrica de nuestro universo

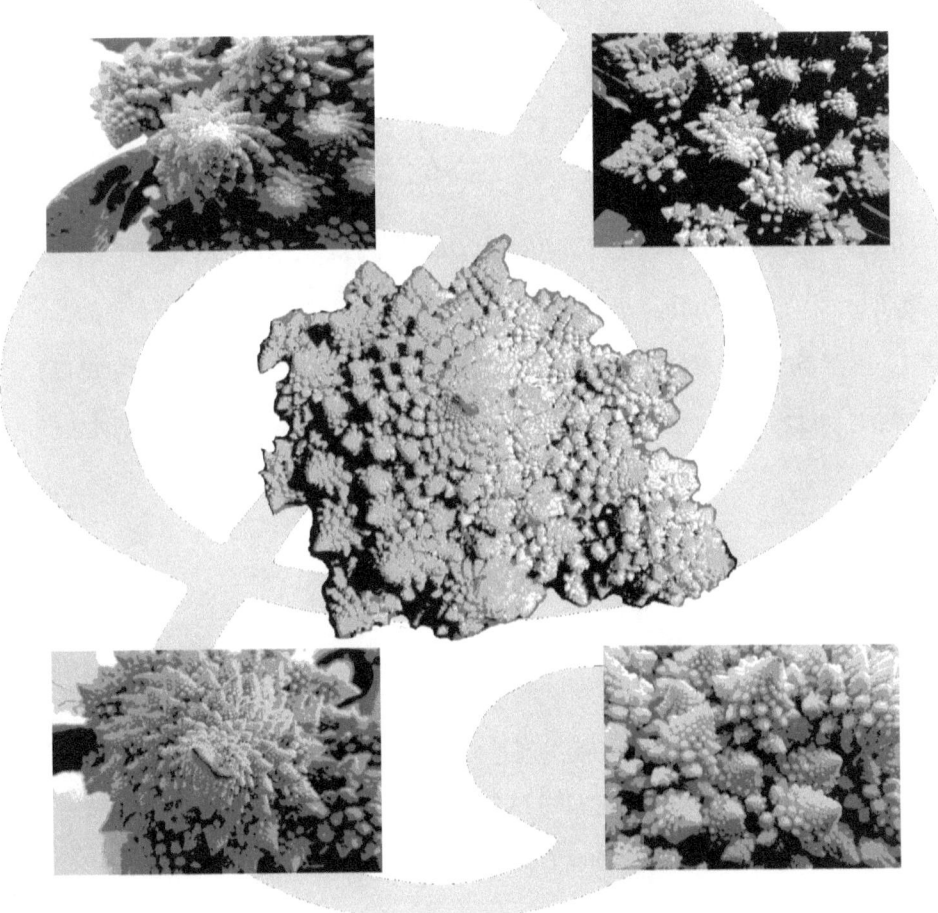

La división de la Unidad

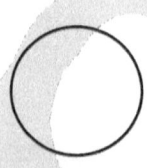

Dios es uno, La Unidad, en Geometría, es el círculo, cuyas divisiones dan origen a los polígonos, dice Llull, que Dios se separa de sí mismo, generando al Hijo, y exhalando el Espíritu Santo, esto es lo que muestra exactamente la siguiente figura, conocida como "Vesica Piscis", donde podemos ver como la separación de la Unidad, de Sí Misma, da lugar a la aparición de un segundo círculo, y la de una tercera zona, que surge de la interacción de las otras dos.

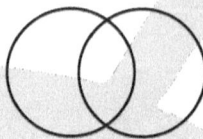

Estos tres principios, dan lugar, en Geometría, al Triángulo y al Tetraedro, en Química, a los ácidos, bases y sales, en Física, a los tres colores primarios, y, en general, para que algo pueda ocurrir, deben concurrir tres fuerzas, una fuerza activa, una fuerza pasiva, y una tercera fuerza que conecte ambas, tradicionalmente, éstas son la Expansión, la Contracción, y la Rotación.

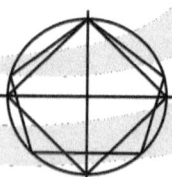

Las sucesivas divisiones del círculo, generan polígonos de cuatro, cinco caras, etc, denotando cada número ciertas ideas o cualidades, el cuatro denota el mundo material, compuesto por los cuatro elementos, las cuatro estaciones, y los cuatro puntos cardinales, el cinco se asocia a la vida, como muestra la base pentagonal de los seres vivos, etc.

La Ley de Tres

Un buen modo de ver y entender la acción de la Ley de Tres, lo tenemos en la técnica que utiliza el arte para crear una imagen.

La imagen surge de la interacción de luz y sombra, por consiguiente, una genera a la otra,

Pero una escena posee un número infinito de matices, la mayor parte de los cuales no percibimos, sin embargo, podemos conseguir una imagen totalmente funcional eligiendo sólo tres de estos tonos de la escala.

Y es de este modo, como nuestro sistema, entresaca tres dimensiones de la escala infinita, para representarse el todo de modo inteligible.

Que este proceso ocurra mientras subimos y bajamos en la escala, implica que "Todo está en todas partes", pues siempre encontramos tres tonos equidistantes que forman un todo comprensible, el uso de la Escala Tonal, nos enseña esto.

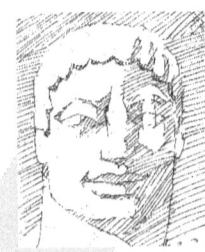 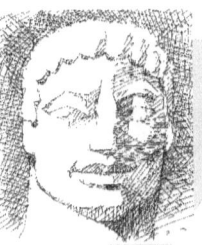 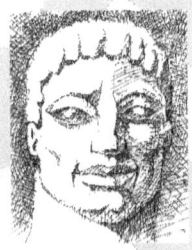 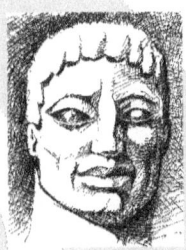

Tenemos, pues, una fuerza activa, la luz, una pasiva, la oscuridad, y una tercera que conecta a ambas, en este caso, el medio tono, que es precisamente lo que nos permite percibir la tercera dimensión, el volumen con todas sus propiedades.

Nótese que el medio tono, es el resultado de la lucha entre luz y oscuridad, y es también, la razón última de que se produzca esa lucha, pues así es como podemos ver, y comprender lo que vemos.

Las Tres Fuerzas

Activa / Pasiva / Conectante

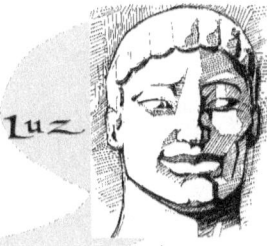

Luz — Sombra — Medio Tono

§8

| Geometría Espacio-Temporal |

"Para que sepáis, con todos los Santos, lo que sea la anchura, y la altura, y la profundidad, y la longura.", San Pablo, Carta a los Efesios

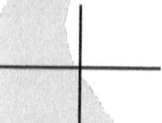

El punto Adimensional

Todo comienza con un punto, un punto es, realmente, el mayor de los enigmas, en verdad, es una Nada, tal como Böhme dice que es Dios, y esta Nada, al moverse fuera de sí misma, da origen a la línea, la cual, a su vez, se sale de sí misma para dar origen al plano, (si la línea no se saliese de sí misma, seguiría siendo una línea) el plano, por el mismo procedimiento, da origen al sólido por la misma razón, nada puede cambiar si sigue siendo lo mismo.

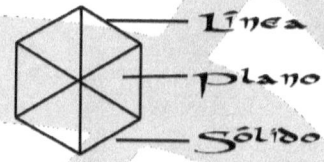

punto Tridimensional

Este sólido tridimensional, es, a su vez, un punto en el Tiempo, y, por analogía, deducimos que, al moverse fuera de sí mismo, generará una Línea de Tiempo, la cual, a su vez, dará origen al Plano del Tiempo, y este plano, generará a su vez un Sólido del Tiempo, o Hipersólido

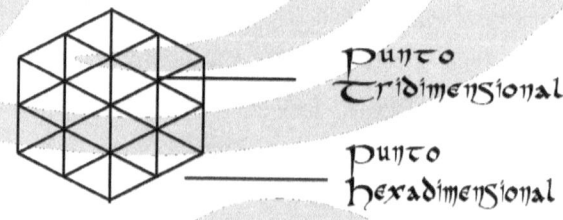

punto hexadimensional

Siguiendo con la analogía, este punto hexadimensional generará finalmente un Sólido en el espacio superior, que, a su vez, sólo será un punto adimensional en la octava siguiente.

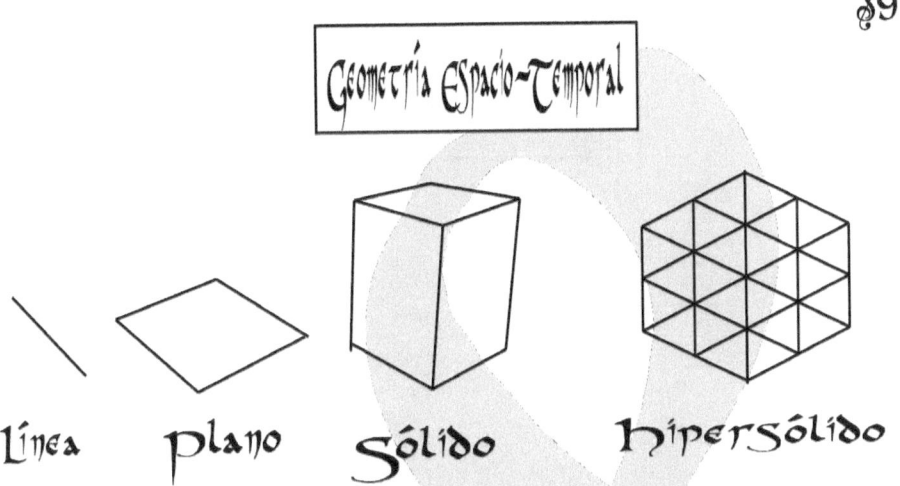

Geometría Espacio-Temporal

línea   plano   sólido   hipersólido

Geométricamente, sabemos que el punto genera la línea, la línea, genera el plano, y el plano, genera el sólido, analógicamente, deducimos que el sólido, por el mismo procedimiento, acaba generando el hipersólido, o sólido del tiempo.

Este hipersólido, es lo que se conoce como tesserac, y del mismo modo que un cubo tridimensional está limitado por planos bidimensionales, el hipersólido, o cubo hexadimensional, está limitado por cubos tridimensionales, cada uno de los cuales es un punto en el tiempo.

Dicho de otro modo, el sólido del tiempo, es un punto del tiempo que presenta una serie de opciones.

Idealmente, supongamos un cubo con cubos adosados a cada cara, este cubo central, es el momento presente, y los cubos adyacentes, son las diversas opciones presentes en ese momento.

Las líneas, planos y sólidos que forma el punto hexadimensional, serán absolutamente indescriptibles e incomprensibles para nosotros, por eso hemos de verlos a través del tiempo.

¿Como imaginar un objeto, por ejemplo, al que llamamos, "época romana", con todas sus interacciones, motivaciones, y resultados en las vidas particulares? Como objeto es algo inconcebible, pero podemos comprenderlo al verlo a través del tiempo.

Del mismo modo, una vida es uno de estos objetos formados por líneas hexadimensionales, ¿Como imaginar la verdadera forma de semejante objeto?

Todo ser viviente se ve a sí mismo como tridimensional aunque no lo sea en realidad, entonces, un hombre que asciende en la escala, se encontrará siempre en un mundo tridimensional, pero para él, será un sitio muy diferente, lleno de descubrimientos, matices y detalles que jamás habría soñado que pudiesen existir.

" Y habrá un nuevo Cielo y una nueva Tierra, y no habrá más Tiempo ".

San Juan, Apocalipsis.

Geometría Espacio-Temporal

Tenemos entonces tres clases de punto, el *Adimensional*, el *Tridimensional*, y el *Hexadimensional*, y por consiguiente, deben existir tres clases de sólido, el *Tridimensional*, el *Hexadimensional*, y una tercera clase para la que no existe nombre geométrico, pero que podemos identificar con una clase de espacio superior, *La Eternidad*, en términos tradicionales.

Este es el límite posible de nuestra percepción, las tres octavas que nuestro sistema traduce como el mundo que vemos, y, al igual que ocurre al leer una partitura musical, perdemos por abajo lo que ganamos por arriba y viceversa, cuando nuestra "ventana" perceptual se desplaza arriba y abajo en la escala de vibraciones.

Esta capacidad que poseemos de ascender y descender en la escala, es literalmente, lo que permite que este mundo sea simultáneamente, el *Cielo* para unos, y el *Infierno* para otros.

Toda esta estructura ha sido creada por Dios para que el hombre tenga la posibilidad de entenderla y moverse en ella, pero lo importante, es el hombre, Dios podría haber creado cualquier clase de Universo, incluido uno que no pudiésemos comprender, ¿podemos imaginar algo así?.

Pero crea un mundo a la medida del hombre, comprensible para el hombre, pero empecinarse en descubrir la estructura material del mundo, no puede llevarnos a comprender al hombre de ninguna de las maneras.

Supongamos que somos seres extraterrestres y llegamos a la tierra, nuestra nave aterriza justo entre dos edificios, una iglesia, y una prisión, decididos a comprender tales edificios, descubrimos que ambos están hechos con la misma clase de ladrillos.

La conclusión que sacamos, es que, al estar los edificios hechos con ladrillos, son los ladrillos la razón de la existencia de los edificios, armados con nuestra "lógica", volamos los edificios para poder "analizar" los ladrillos.

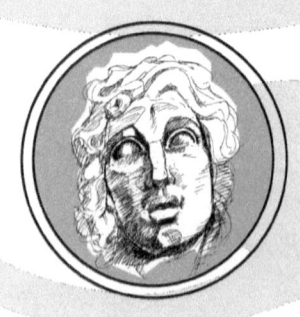

Geometría Espacio-Temporal

Finalmente acabaremos suponiendo que los edificios, "evolucionaron" de unos ladrillos primitivos, hace muchos millones de años, desde luego.

Y es posible que nadie se de cuenta de que los edificios existían porque tenían una función, y hemos destruido la función al destruir el edificio, y ya no hay nada que "estudiar" ni "analizar", y la diferencia entre una iglesia y una prisión, se nos escapará por completo, del mismo modo, se nos escapará la diferencia entre un santo y un criminal si nos atenemos a su constitución física.

Por otra parte, tampoco caemos en la cuenta de que esos famosos "millones de años" no son más que falacias mentales, ni el Tiempo fluye como queremos creer, ni la Naturaleza usa reloj, todo está ocurriendo siempre en el Eterno Ahora

Esta Creación, es una Obra de Arte, y nosotros analizamos los pigmentos esperando entender la pintura, había un filósofo que no paraba de reirse de la estulticia humana, debía acabar el día completamente agotado.

La comprensión de los fenómenos naturales que poseían los antiguos, les llevó a distinguir y unificar las tres líneas necesarias para establecer una civilización y un modo de vida orientados al desarrollo interno del hombre, a saber, Arte, Ciencia y Religión.

Y es nuestra ignorancia la que pretende que estos tres aspectos puedan funcionar por separado, el resultado que hemos obtenido es que la Religión apenas cumple su función, la Ciencia, hace mucho que no va a ninguna parte, y el Arte, no sirve más que para degradar aún más la condición humana, con unos usos aberrantes que van en contra de su misma esencia.

Porque estamos hablando de la Ley de Tres, Arte, Ciencia y Religión, han sido la Santísima Trinidad de nuestra cultura, las tres fuerzas que, entrelazadas y fortaleciéndose entre sí, han dado origen a nuestra civilización, y, separarlas, es cortar la rama sobre la que estamos sentados.

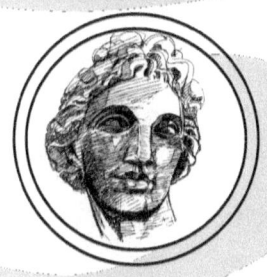

Kosmos

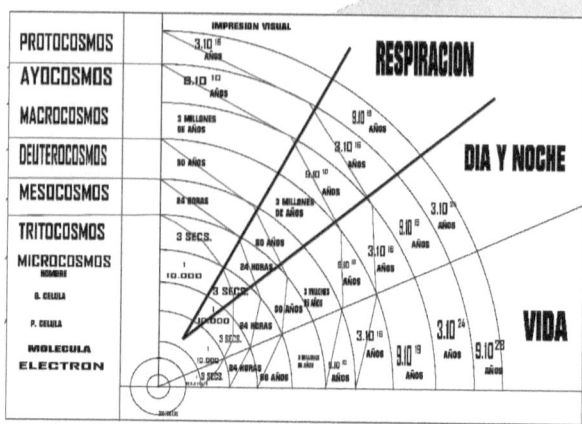

La idea central del pensamiento tradicional, es la de los Kosmos, siendo el Todo una Unidad, todo forma parte de él, y este Todo , posee un orden interno, cuya clave está en el Tiempo, G.I.Gurdjieff, dijo, " "El Tiempo, es respiración", usando los tres segundos que toma el ciclo humano de la respiración como medida, y utilizando un factor de 300.000 para establecer una relación de cero a infinito, P.D.Ouspensky encontró los números que han sido dispuestos en este esquema para haccer visible la espiral logarítmica, sello de la vida, que surge de él de modo natural

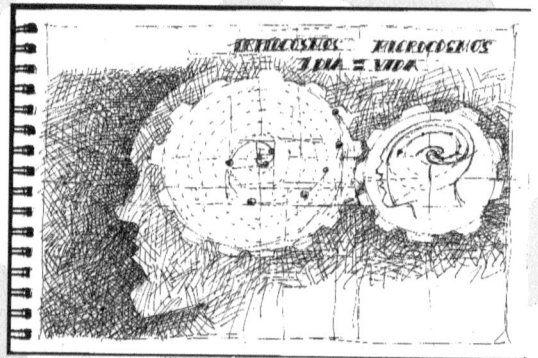

Las cifras halladas para el Protocosmos, coinciden con las que conocemos por la tradición para la Vida, el Sueño, y la Respiración de Brahma, en el otro extremo, encontró que los tiempos para moléculas y electrones son demasiado cortos para ser percibidos , por lo que el esquema de siete cosmos anidados de la tradición, se ve corroborado por las cifras.

La relación entre los tiempos de los diferentes cosmos , en la que un día en un cosmos, equivale a una vida en otro inferior, es una idea muy antigua y extendida y parece estar en la base de la Astrología.

Gnomon

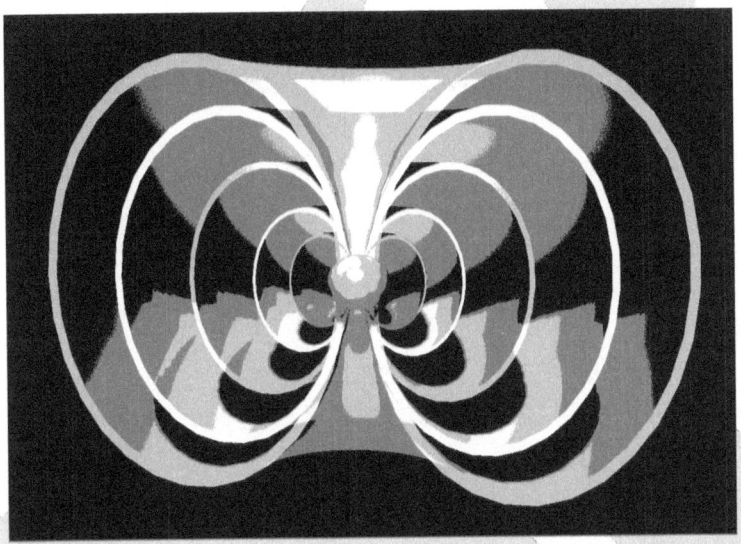

La verdad es que, ni nuestro mundo es una esfera que flota en el espacio, ni nosotros habitamos en su superficie, nuestro planeta acaba donde acaba la magnetosfera, por lo tanto, hay otras muchas capas sobre nuestras cabezas, atmósfera, troposfera, estratorsera, y la mencionada magnetosfera, el hecho de que a nosotros nos parezcan transparentes, no hace que sean menos reales, y la realidad, es que la forma de nuestro planeta, es la de un toroide.

Cabe decir, que, lo que para nosotros es la capa sólida del planeta, a escala geológica, se comporta exactamente igual que la superficie del mar, lo que la hace sólida a nuestros ojos, es la diferencia de escala temporal.

Desde otro punto de vista, el agua es tan transparente para un pez, como el aire lo es para nosotros.

De modo que habitamos alguna capa interna de un toroide cuyos límites, en realidad, no conocemos, el hecho es que todo el Sistema Solar, forma una Unidad, vía campos magnéticos y quien sabe qué más, formando algo viviente, cuyos límites ni estructura somos capaces de captar.

Gnomon

Pero otros hombres sí fueron capaces de entender donde estamos, y nos dejaron bellas imágenes, libros y obras arquitectónicas y musicales, llenos de pistas e ideas, sutiles y poderosas.

 Una de ellas es el Arbol Cósmico, el Arbol Sagrado o Ygdrassil, de cuyo tronco surgen los Rayos de Creación, como otras tantas ramas, que conocemos como Galaxias, y estas ramas dan ramitas que nosotros llamamos Sistemas Solares, de modo que no tiene nada de extraño que de las ramas que son los sistemas solares, cuelguen los frutos que nosotros llamamos Planetas.

 Sólo hay que cortar una manzana por la mitad para ver un modelo en miniatura de nuestro mundo, las diversas capas formadas por los arcos magnéticos que unen los polos son claramente visibles.

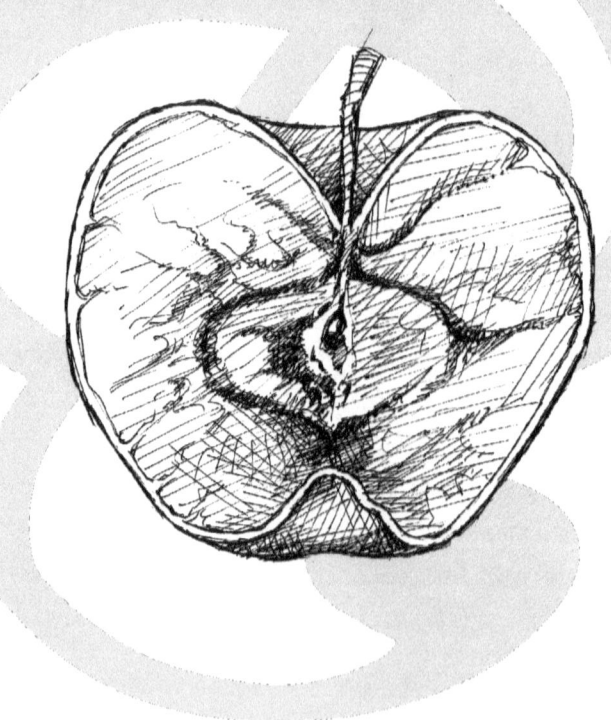

Gnomon

Quizá ahora resulte más fácil entender todo el simbolismo del árbol y la manzana en la historia humana Y también será más fácil asimilar la idea de que una de esas capas que vemos que forman nuestro mundo es lo que llamamos Vida Orgánica, siendo el Hombre, uno de los componentes de esa capa en particular.

Un Gnomón, en Geometría, es una forma que, añadida a la original, mantiene la forma primitiva, ya hemos echado un vistazo a la estructura gnomónica de nuestro planeta.

Lo que quizá no hayamos percibido, es que el Hombre está construido según el mismo principio

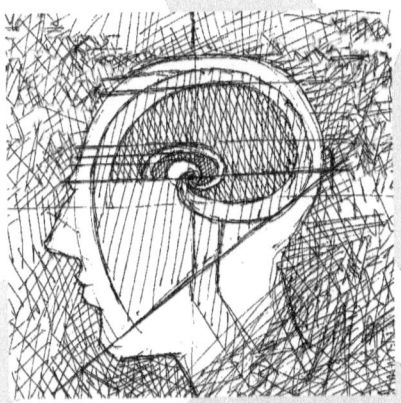

A partir de un punto en el centro del hipotálamo, una serie de diversas capas gnomónicas de distinta contextura y solidez, dan origen sucesivamente a las diversas partes del cerebro, el cráneo, el músculo y la piel, en un proceso continuo guiado por la espiral logarítmica.

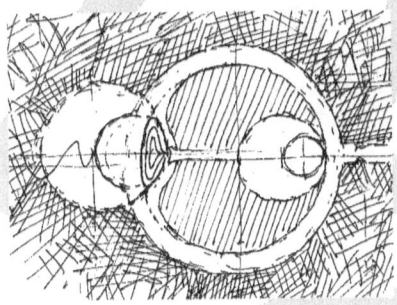

Como arriba, así es abajo, tanto el ojo en sí, como el cristalino en particular, poseen una estructura gnomónica, el cristalino está estructurado como una cebolla de finísimas capas transparentes, mientras las capas del ojo, poseen a su vez diversas contexturas y grados de solidez dependiendo de su función.

Obviamente, líneas magnéticas invisibles pero muy reales, dirigen todo este trabajo desde dentro.

Gnomon

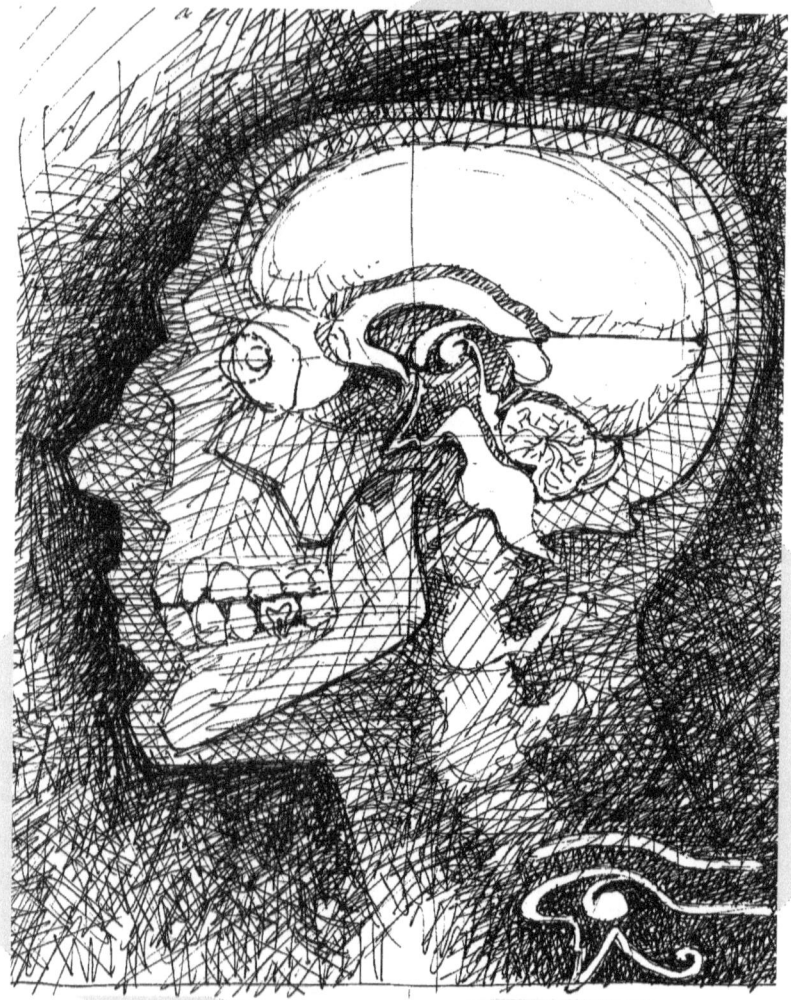

 Observando más en detalle la construcción gnomónica de la cabeza humana, la del cerebro, y la de sus partes internas, salta a la vista el conocido diseño llamado "Ojo de Horus", u Ojo Sagrado, los egipcios vieron que ese ojo simbólico, pero muy real, es verdaderamente la sede, la ventana por la que el Espíritu se asoma al Mundo, por medio de los ojos físicos, los cuales están directamente conectados con él.
 Nótese que, además del ojo, también el diente posee una estructura gnomónica

La Octava

§17

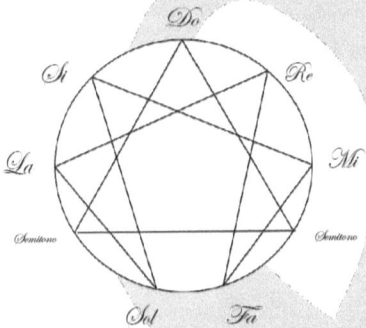

En el principio, fue el Verbo, dice la Biblia, la palabra, el sonido, la vibración, están en el origen de nuestro mundo, y, desde siempre, el hombre ha poseído el instrumento necesario para encontrar su camino a través de la escala, la octava.

Una octava son las siete notas que van desde Do, al Do de la siguiente octava.

G.I.Gurdjieff introdujo en Occidente el símbolo conocido como Eneagrama, para mostrar el funcionamiento de las dos leyes fundamentales, la ley de Tres y la ley de Siete, u octava, remito a sus obras al lector interesado.

El Eneagrama nos muestra que todo debe ocurrir siguiendo un orden concreto, no hay saltos evolutivos, ni mutaciones, ni nada que no sea el orden inmutable de los ciclos naturales regidos por estas leyes.

Si dividimos la Unidad por Siete, obtenemos el período 142857, si distribuimos los números sobre el eneagrama obviando el 3, el 6 y el 9, que pertenecen al triángulo, o Ley de Tres, obtenemos la siguiente figura.

Lo que vemos es un sistema con dos caras, una externa, y otra interna, la externa sigue el conocido orden numérico y temporal, pero la interna, si nos fijamos en el período 142857, sigue un orden completamente diferente

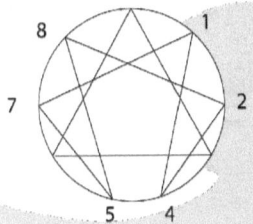

1:7 = 142857142857142857...

La Semana

Esta extraordinaria característica tiene sorprendentes consecuencias cuando reemplazamos los números por los días de la semana, mientras, externamente, seguimos el ciclo temporal de lunes, martes, etc, algo se mueve internamente de lunes a miércoles, para después ir al martes y luego al sábado, de donde va al jueves, etc.

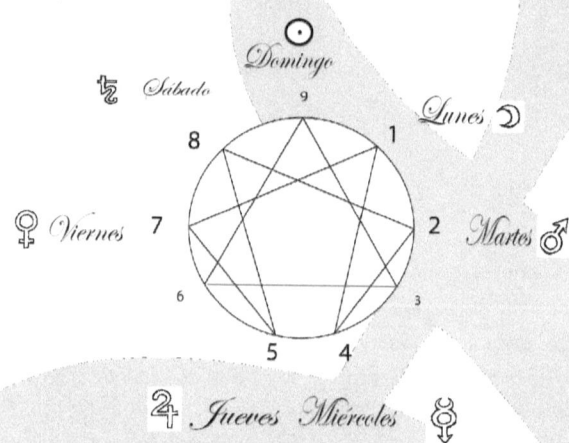

Todos estos movimientos son posibles debido a que la semana es un objeto construido a base de Espacio-Tiempo, es, pues, un objeto y un lugar, y nosotros lo recorremos incesantemente, en realidad, este es nuestro verdadero mundo, nuestro campo de experiencia, al que nos vemos obligados a volver una y otra vez, queramos o no.

Es primordial asumir la realidad de estos hechos, porque el hombre que los ignora, se ve atrapado irremisiblemente en la rueda externa de los días, en la mortal recurrencia de las mismas situaciones y las mismas reacciones.

Queda claro entonces que el tiempo no pasa, puesto que es un lugar geométrico, la consecuencia lógica, es que nosotros nos movemos a través del tiempo.

Entonces, un día es un lugar, y un día diferente, es un lugar diferente, y esa es la razón de que cada día de la semana esté consagrado a un "dios", que no es otra cosa que el símbolo de los principios que son activos en ese día concreto, y que actúan de modo comprensible, e incluso previsible, para quien sabe mirar.

Estos "dioses fingidos de la gentilidad" en palabras de mi admirado Juan de Moya, tienen la función de mostrarnos la acción de los principios cósmicos bajo los que vivimos.

Eso y no otra cosa es lo que simbolizan todos estos dioses y sus diversas aventuras, peleas, tretas y amoríos.

La Octava del Hombre

Puesto que " Como Arriba, así es Abajo", podemos aplicar el mismo esquema a una vida completa, y encontramos que la puesta en marcha de los diversos sistemas del organismo, obedece exactamente a las mismas fases, el primer sistema en ponerse a funcionar es el digestivo, que ya trabaja dentro del útero, al igual que el motor, que es el segundo sistema en ponerse en acción, el sistema pulmonar se activa al nacer, antes de eso, respiramos con branquias.

Los tres sistemas restantes están relacionados con las funciones superiores, y se activan de modo sucesivo hasta alcanzar el máximo rendimiento en torno a la edad madura.

Apolo, el Sol, permanece fuera del ciclo, siendo, a la vez, su motor y su comienzo, el centro de todo este sistema es Gea, lo cual no significa que la gente creyese que la Tierra era el centro del Universo.

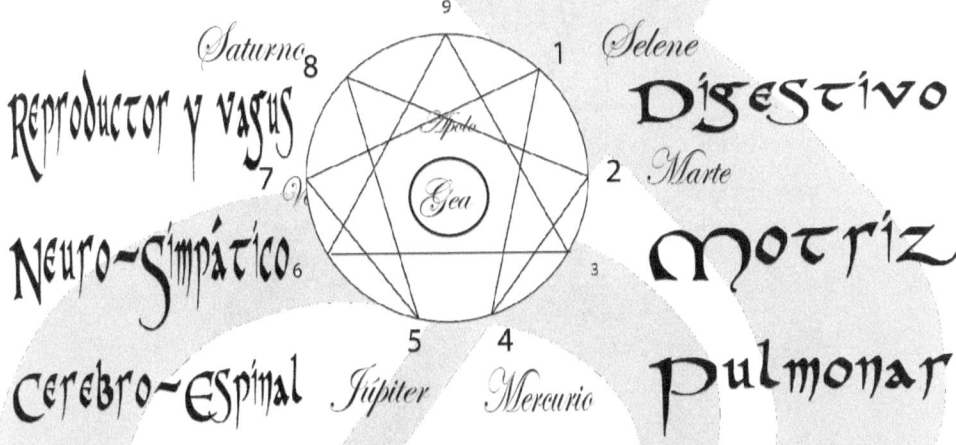

Siendo el hombre un ser anfibio, que nace en el agua y depende de ella para su supervivencia, no tardó en descubrir la influencia de la Luna sobre los líquidos, de estas observaciones dependían la medicina y las cosechas de aquellas gentes, por lo que no podían permitirse creencias absurdas ni supersticiosas.

La relación de la Luna con las Pléyades es la guía universal del campesino para prever las lluvias aún hoy en día

Su poder sobre el agua y el hombre queda reflejado en su nombre de Lucina, la que da la luz, que recibe cuando preside un parto, tanto más fácil, cuanto mayor sea la abundancia de líquidos en el organismo, también es de sobras conocida su influencia sobre el período menstrual femenino.

Por eso, la Octava del Hombre comienza con la Luna.

Marte es el hombre, la fuerza activa, la experiencia humana.

Mercurio es la energía vital que burbujea por todas partes en la Naturaleza

Júpiter es la plenitud, el poder.

Venus es la mujer, la fuerza pasiva, el lado interno

Saturno es el Tiempo, y posee su control

Selene

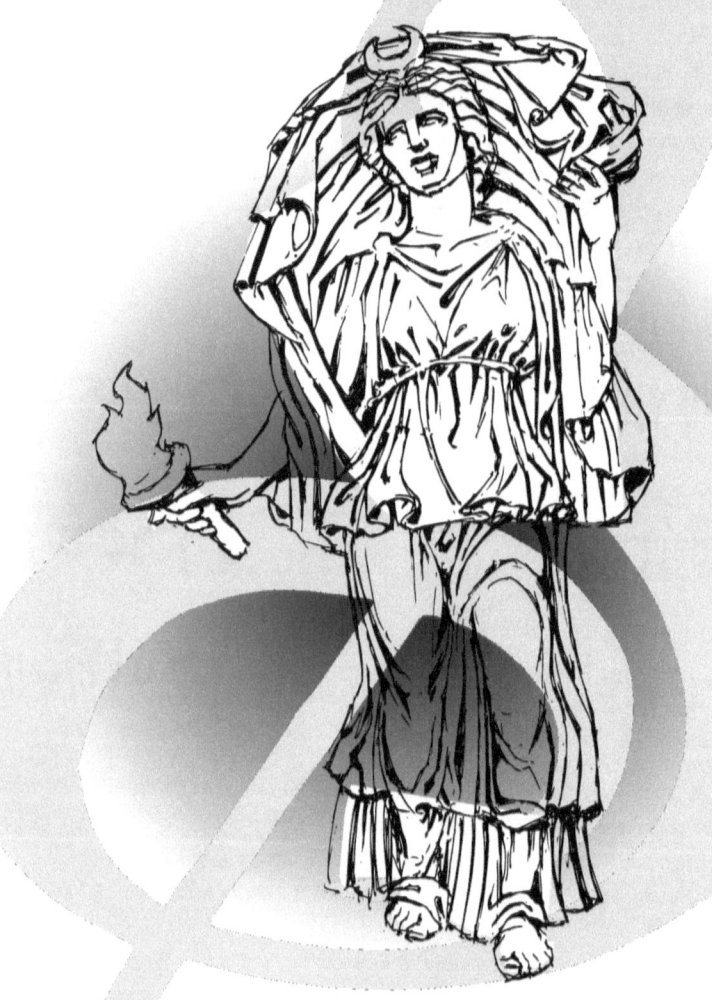

La imagen tradicional de Selene, porta una antorcha ya que trae la luz solar a la noche, también simboliza su función de "dar a luz", el velo denota que su luz está oscurecida, velada, la proporción de seis cabezas, la sencillez del gesto, la vitalidad del "contrapposto", imprimen a estos dioses una humanidad y una cercanía asombrosas.,

Selene

§21

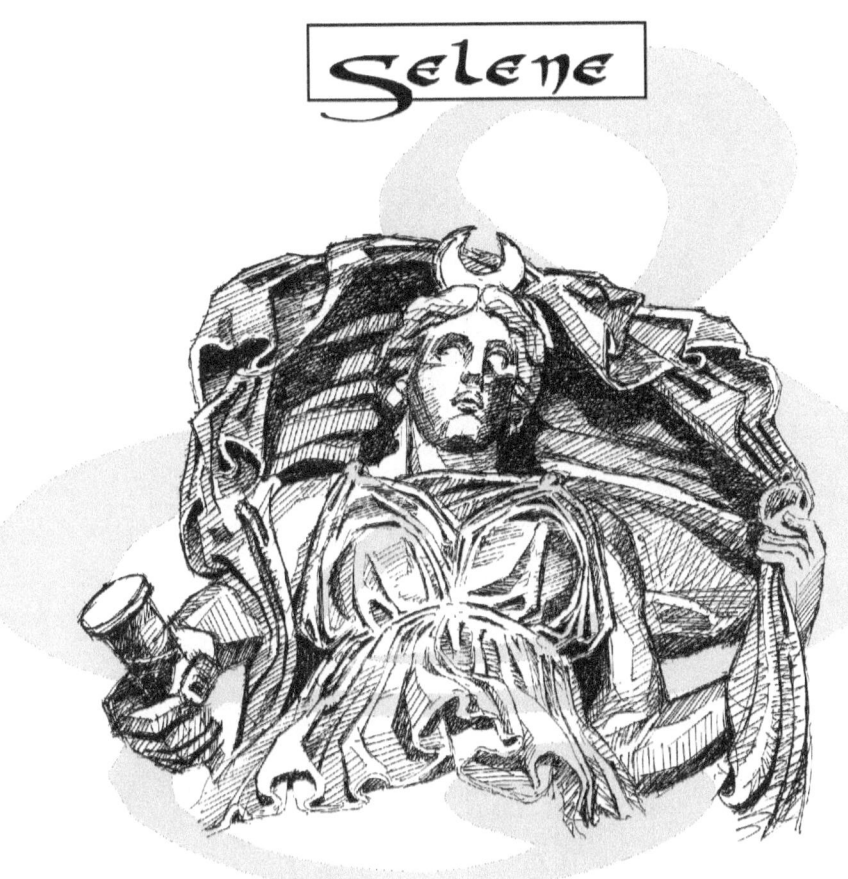

Los antiguos llamaban a menudo a la misma cosa con distintos nombres, y también usaban el mismo nombre para cosas diferentes, darle a una cosa distintos nombres es un modo de adjudicarle diversas cualidades, y, por lo tanto, el nombre de esa cualidad puede ser aplicado a las diferentes cosas que la posean.

Luna, Delia, Phebea, Lucina, Elecina, Hécate, Diana, Proserpina, Argentea, Mena, Cinthia, Tresvia, son apelativos de Selene, pero además, cada uno de ellos suele tener su propia serie de significados que profundizan en ese aspecto.

Por ejemplo, como Hécate, recibe los calificativos de Ctonia, Crateis, Enodia, Antania, Curótrofa, Artemisa, Propylaia, Propolos, Phosphoro, Soteira, Prytania, Trioditis, Kleidouchos, Tricéfala y Triformis, todo esto formaba parte de un gran sistema mnemotécnico que unificaba todo su Arte, toda su Ciencia y toda su Religión.

Hécate

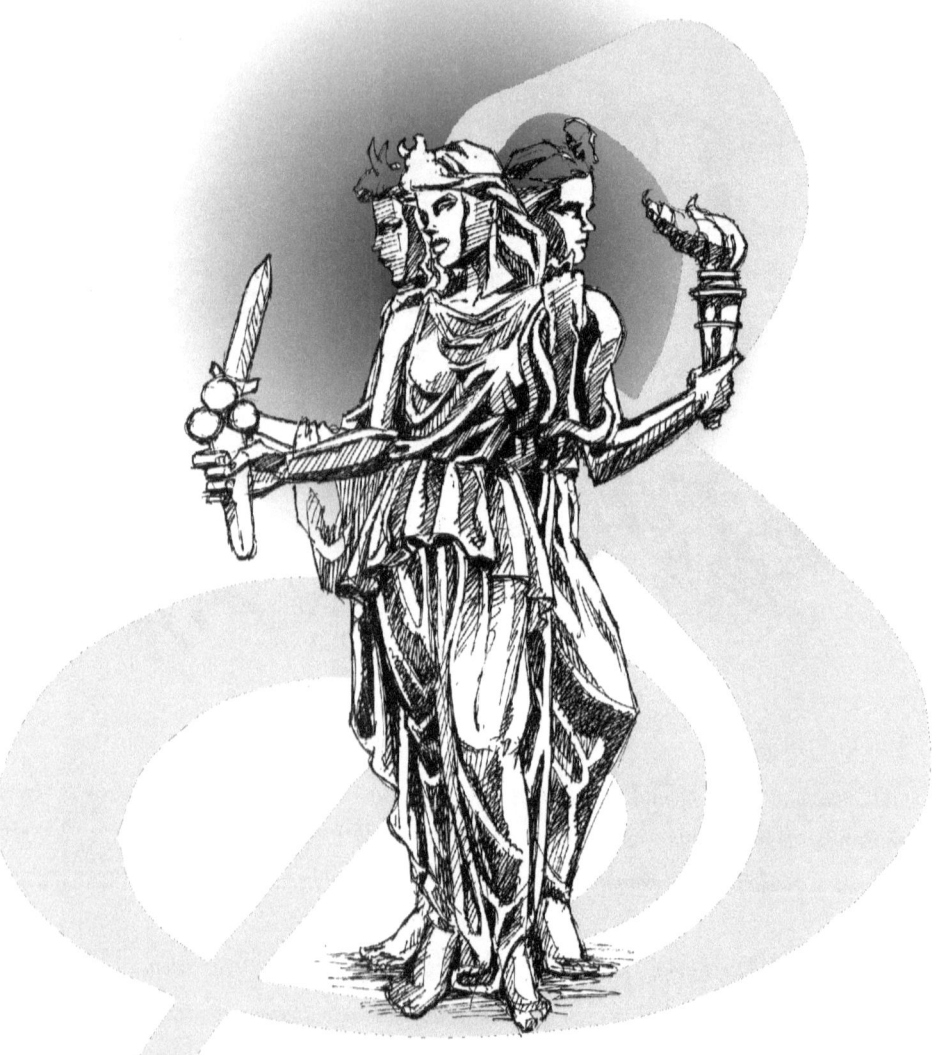

Como Hécate, Selene aparece como una diosa triple, o como tres diosas reunidas, porta dos antorchas, llaves, comida, bebida. cuchillos y una serpiente, uno o dos perros suelen acompañarla, la " Rueda de Hécate" es un término de significado ambiguo relacionado con su ciclo mensual.

Selene y Endimión

§23

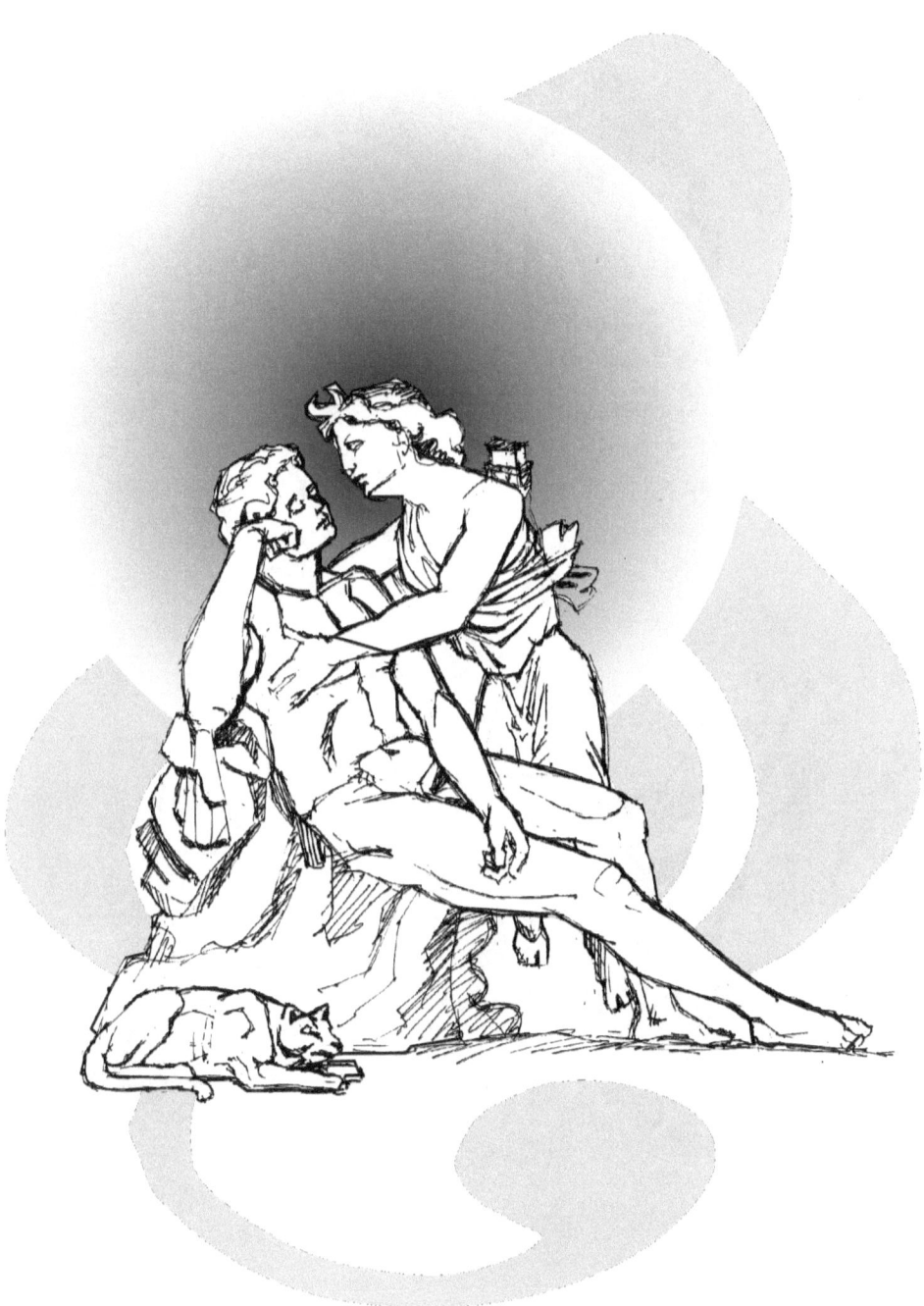

El Sueño de Endimión

§ 24

Endimión

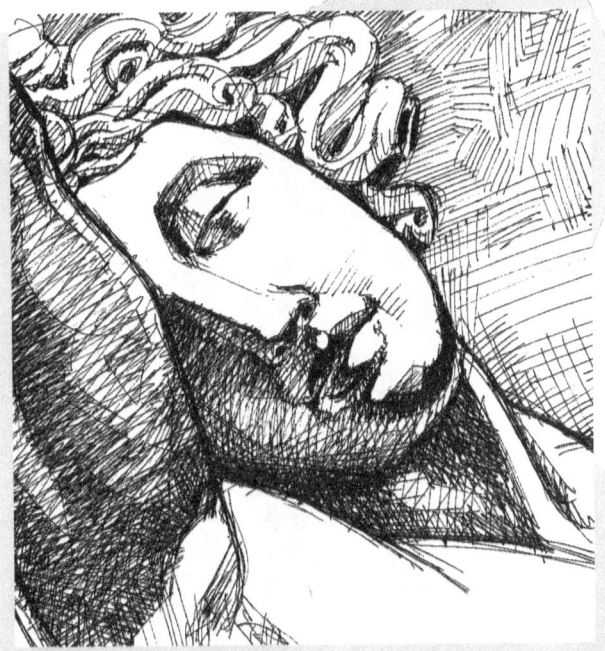

 Endimión representa a la Humanidad, dormida bajo el hipnótico abrazo de Selene, ya hemos visto como, desde cierto punto de vista, la estructura de nuestro Universo, no es otra que la de un gigantesco árbol, de una de cuyas ramas, cuelga nuestro planeta como una manzana en la suya.
 Dice la Tradición, que la Luna es el brote en crecimiento de nuestra rama particular, el cual, en cierta época, necesitaba alimentarse de las emociones negativas generadas por el ser humano, para ello, mantenía hipnotizada a la Humanidad, esto era bien conocido en la Antigüedad, como demuestran las viejas estatuas y relieves sobre el Sueño de Endimión, donde encontramos alusiones al Arbol Cósmico, amén de otras más enigmáticas, como la presencia del Perro, que ¿vigila? el sueño de Endimión.
 La inercia creada por aquella situación es enorme, y la mayor parte de las personas, siguen bajo ese régimen hipnótico, generando emociones negativas que ya no son necesarias, pues la Luna, ya dejó atrás esa fase de su crecimiento.
 Y por eso, tiene el hombre la oportunidad de dejar de alimentar a la Luna con sus emociones negativas, para aspirar a relacionarse con el Sol, por medio de otro tipo de percepción.

Ares~ Marte

§26

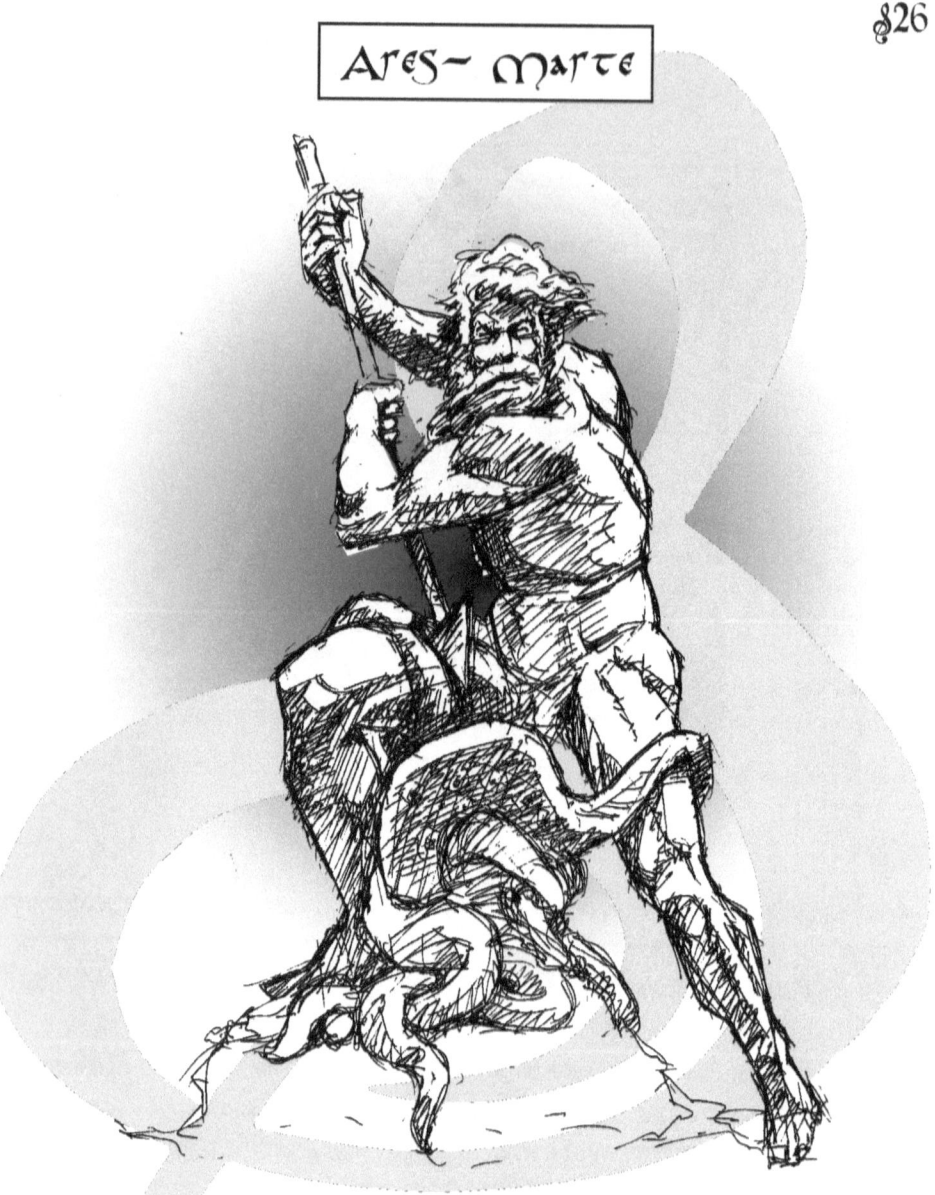

Ares simboliza el principio activo, la fuerza masculina, también la Guerra y el Hierro, la Guerra y el Hierro necesarios en el enfrentamiento con la escurridiza serpiente interna

Ares ~ Marte

Ares ~ Marte

§28

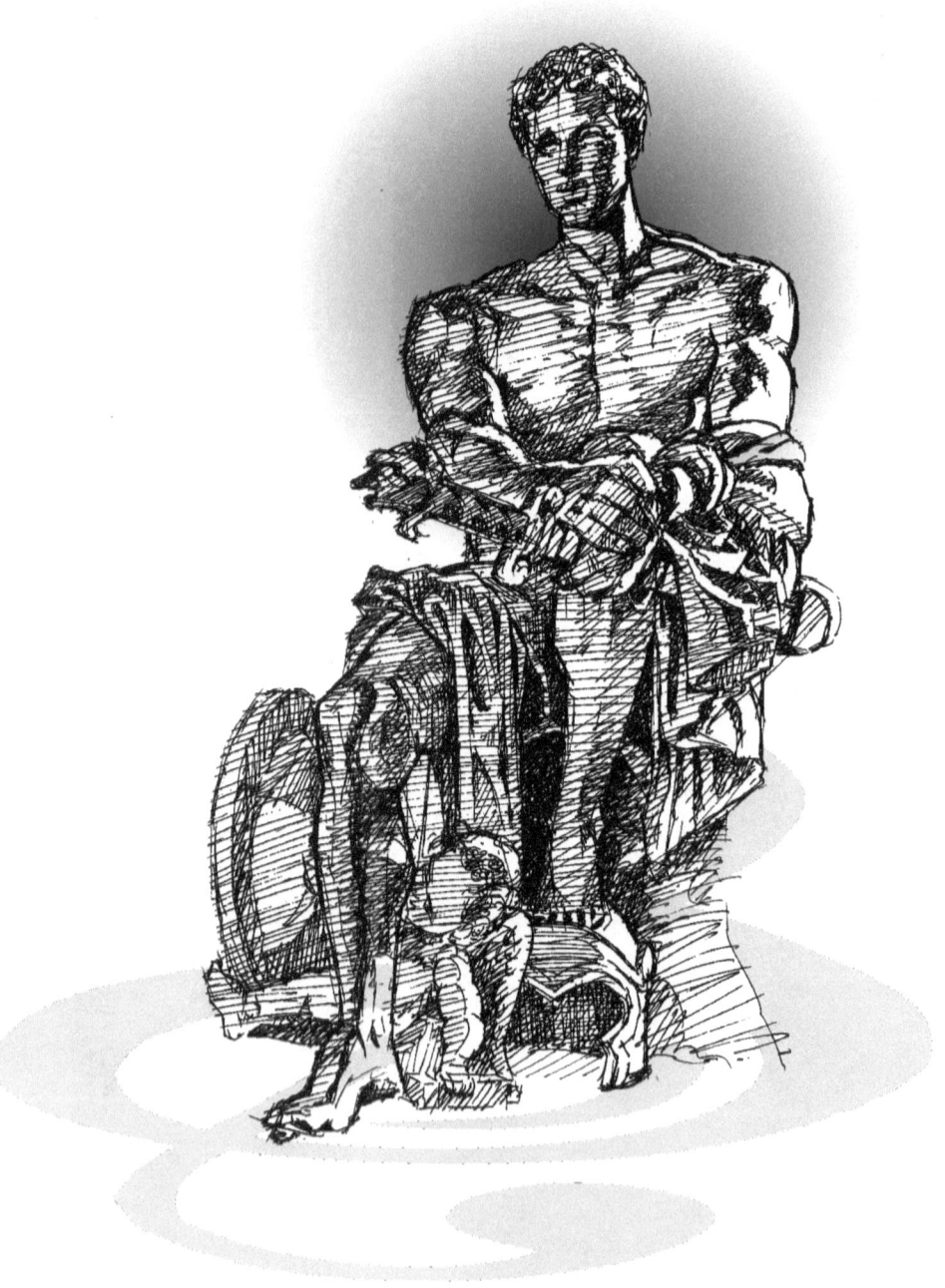

hermes~mercurio

§ 29

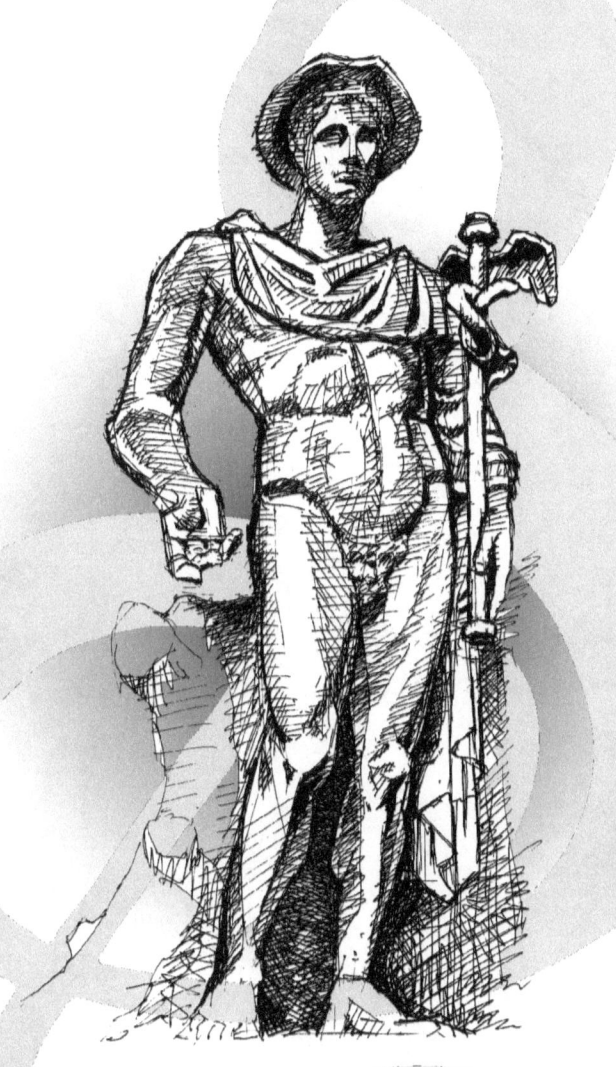

Los atributos de Mercurio son sus sandalias y su casco alados, el caduceo, y, a menudo, una bolsa con dinero, su actividad es incesante, y su personalidad, ambivalente, ayuda al hombre, pero no es un personaje recomendable

hermes ~ mercurio

§30

Zeus ~ Júpiter

§ 31

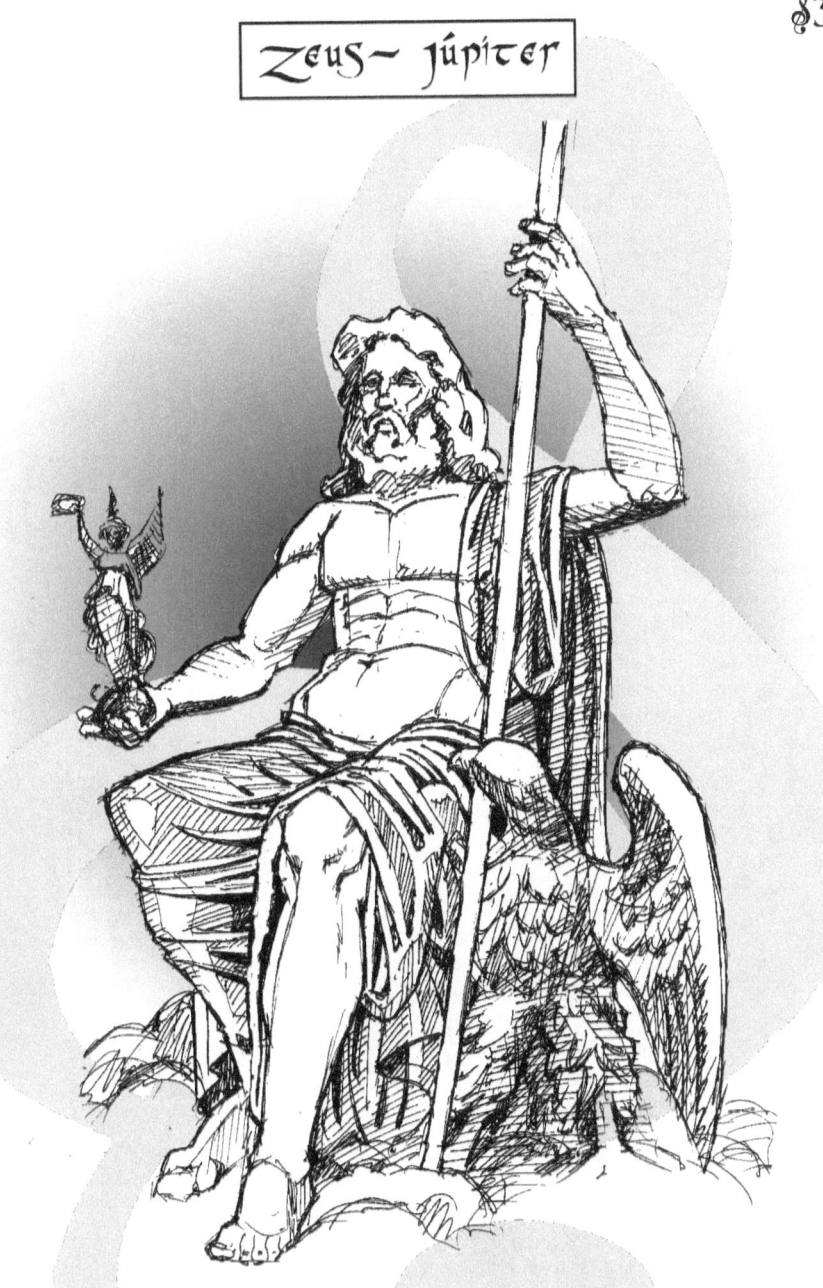

Zeus personifica la plenitud del poder, otorga la victoria, y también destruye con sus rayos a quien cae bajo su ira, el Amor de Dios y la Cólera de Dios, en palabras de Böhme.

Zeus – Júpiter

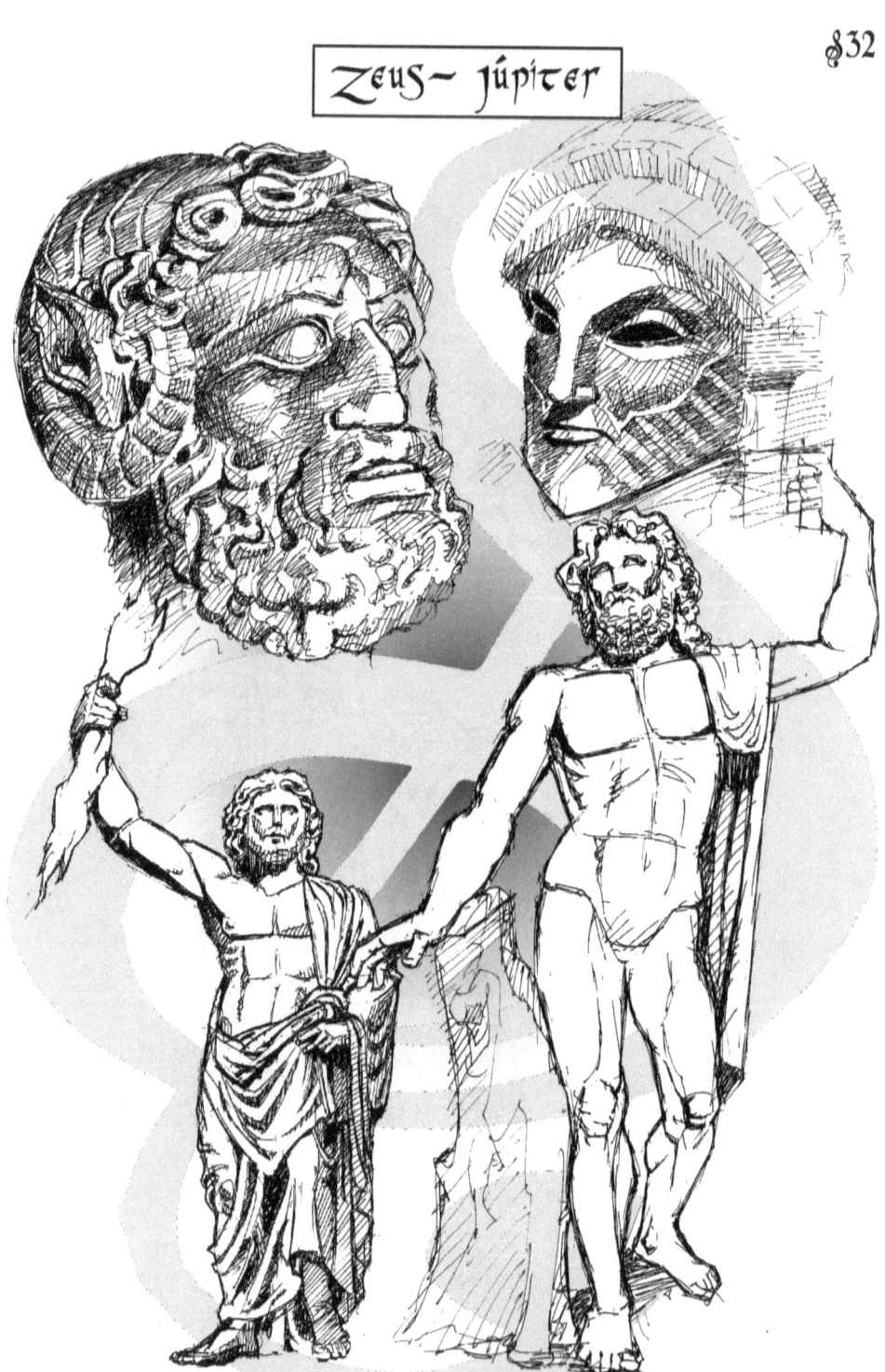

§32

Venus~Afrodita

§33

Venus- Afrodita, simboliza el principio femenino, la fuerza pasiva, y también el lado interno del ser humano, además del puro placer sensual, geométricamente, pertenece a la Eternidad.

§34

Venus ~ Afrodita

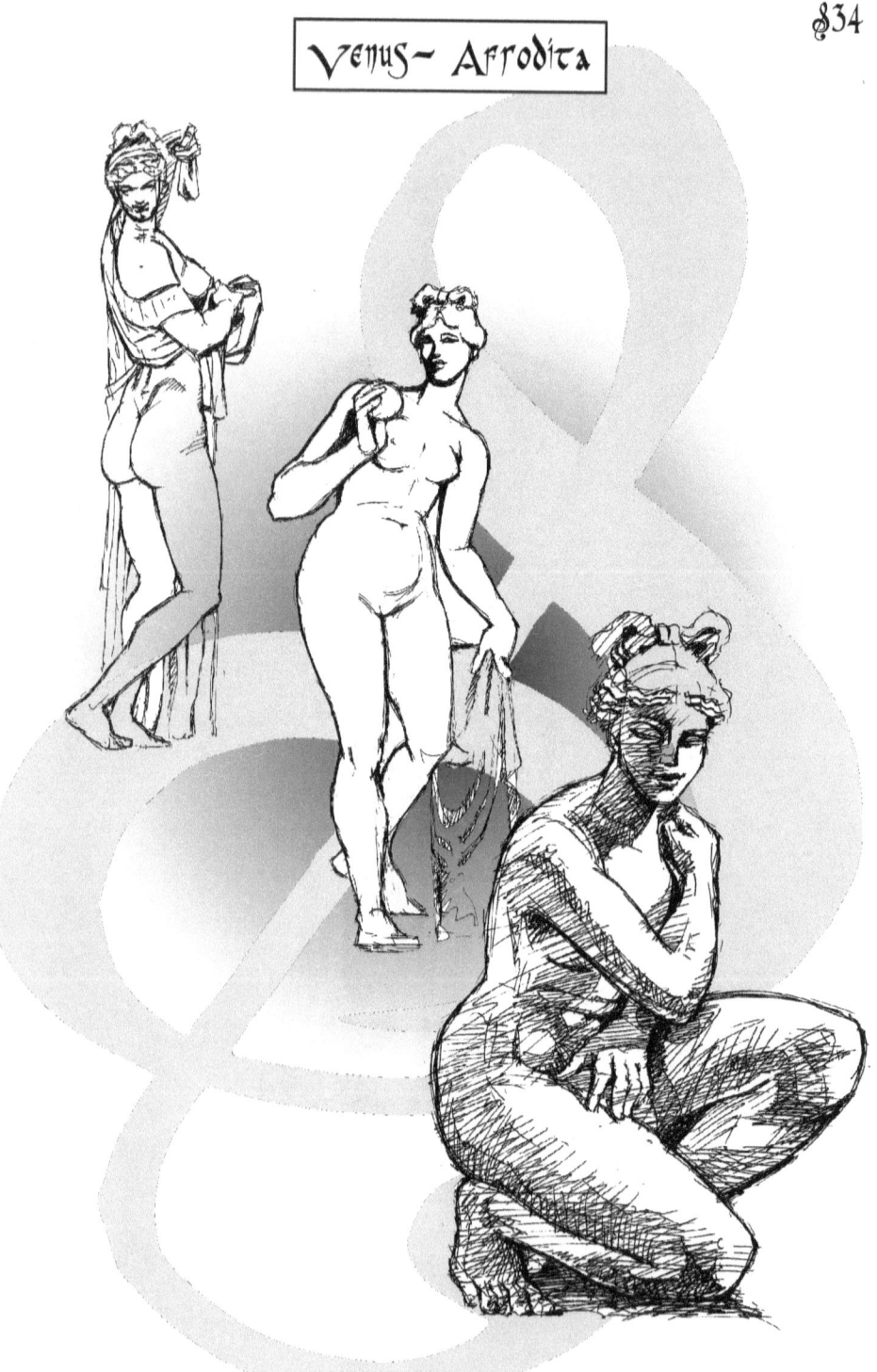

Cronos ~ Saturno

§35

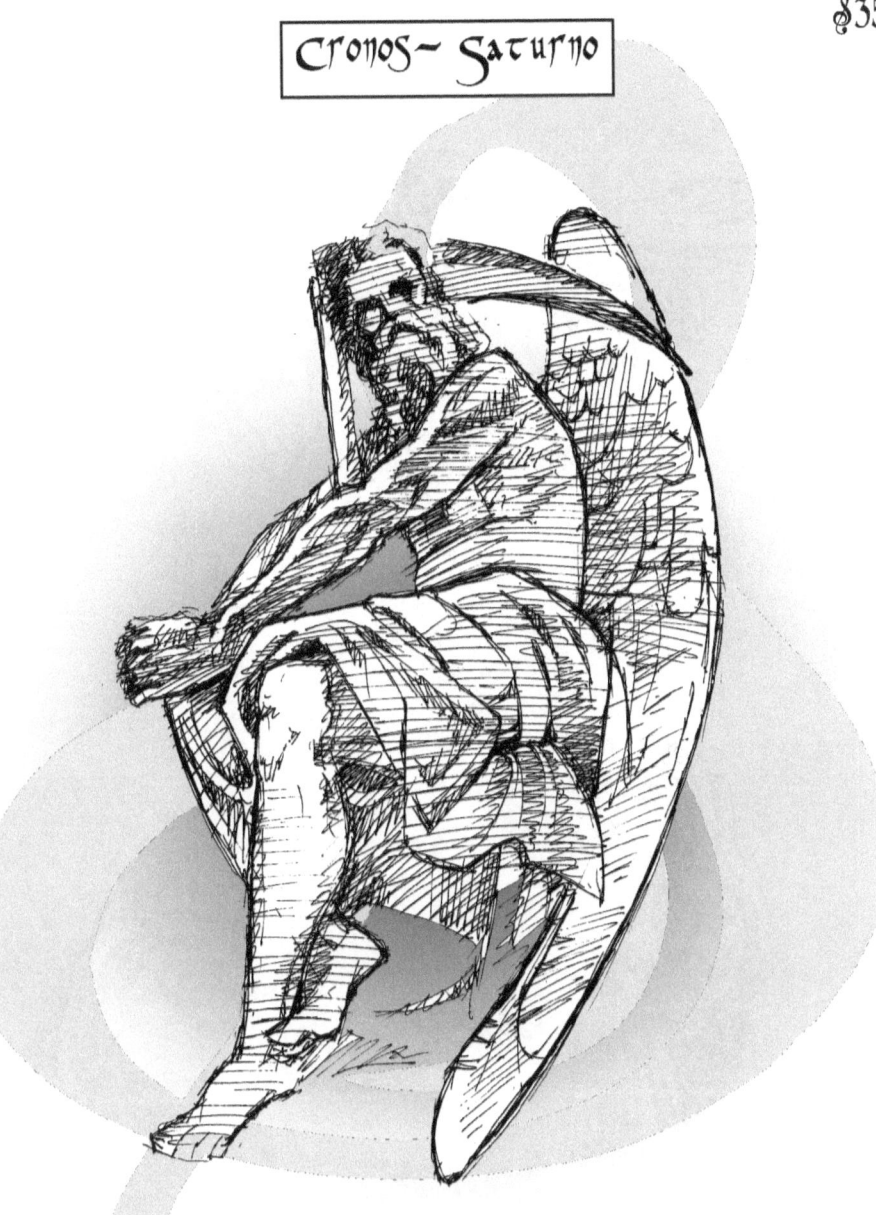

Saturno simboliza el tiempo, de ahí su aspecto envejecido y ensimismado, suele llevar la güadaña y el reloj de arena, y se le representa devorando a sus hijos.

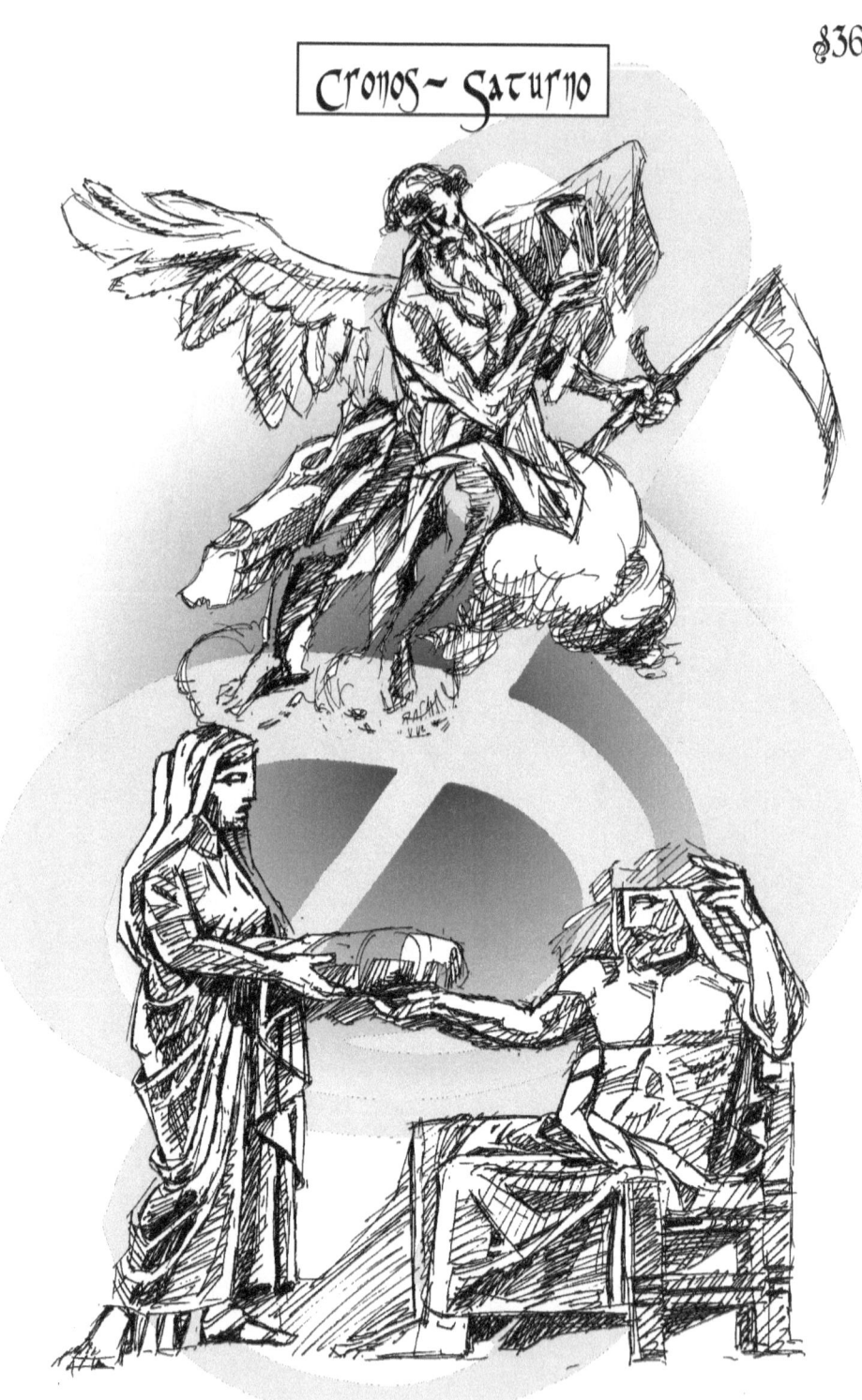

Helios~ Apolo

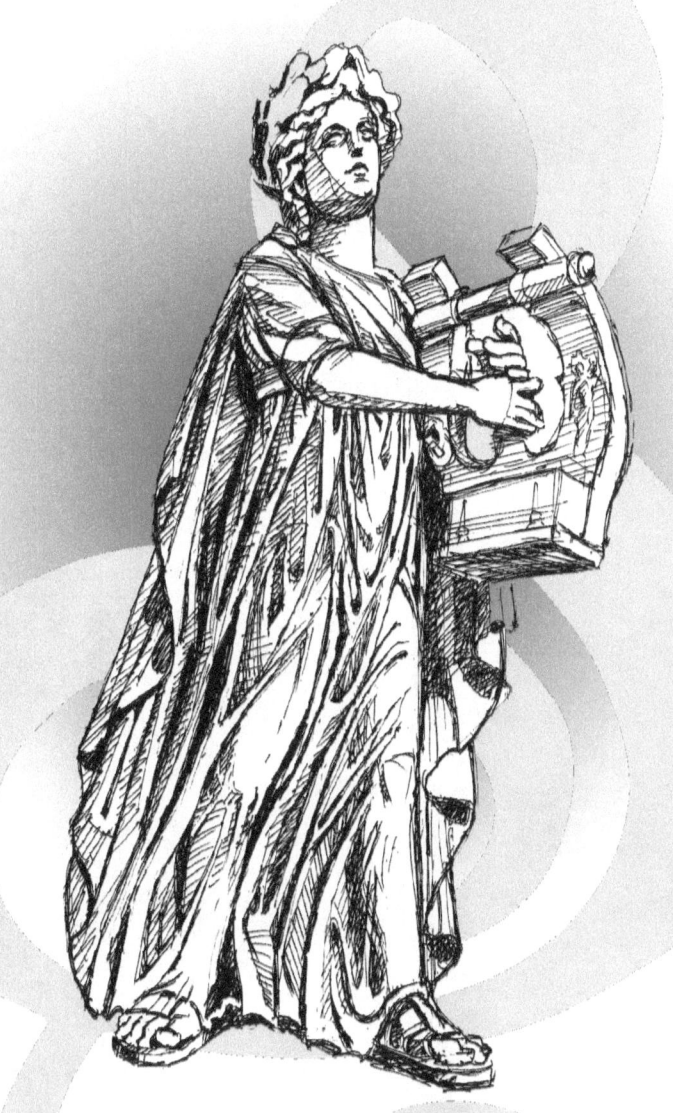

Apolo, el más bello de los dioses, interpreta su sinfonía cósmica por medio de su instrumento de siete cuerdas, nuestro Kosmos de siete dimensiones.

Helios ~ Apolo

§38

Gea

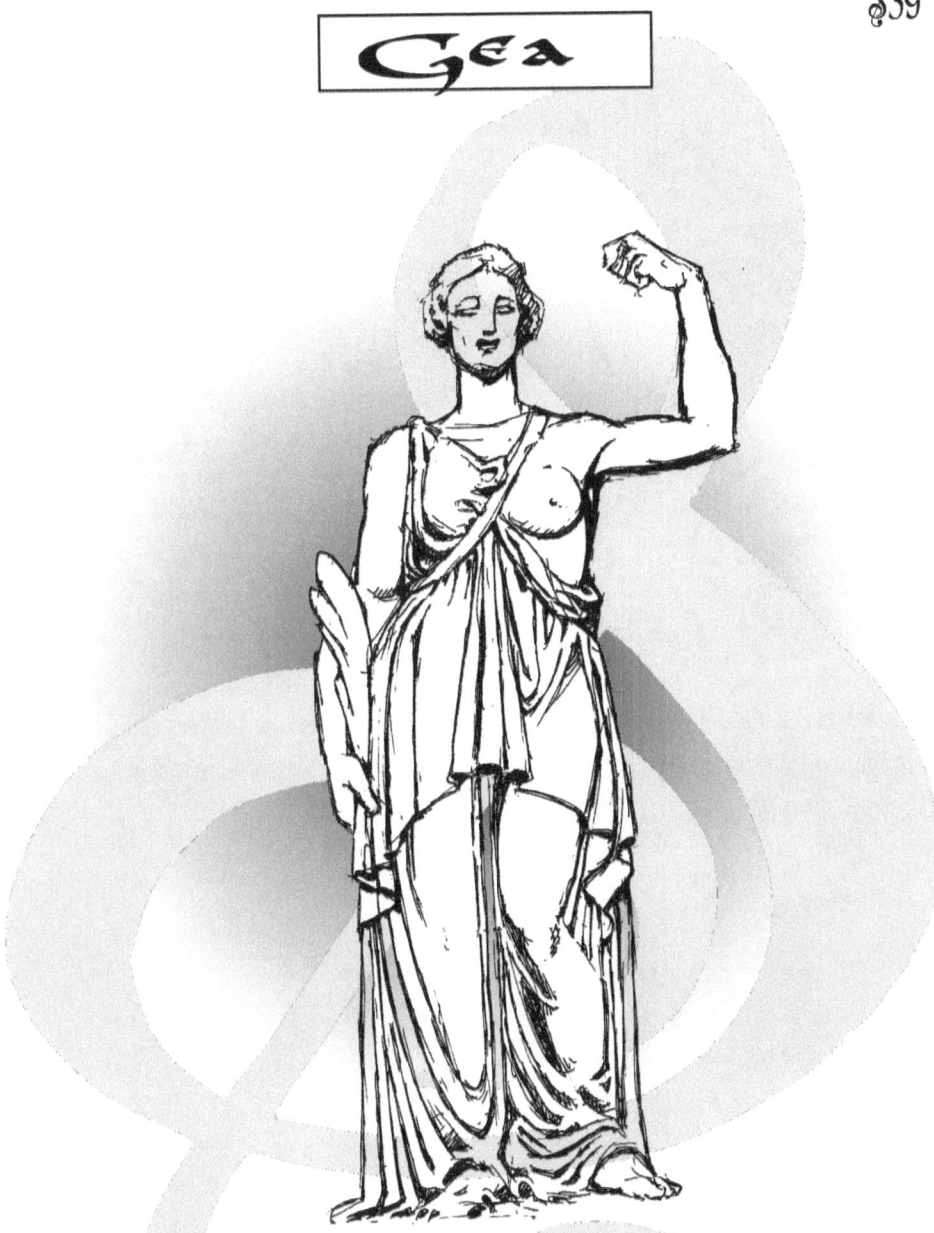

Gea es la madre tierra, el principio pasivo a nivel cósmico, la matriz primordial, y la fuente de todo alimento material, la Gran Madre Universal cuyas siete formas personifican los siete dioses.

Gea

§40

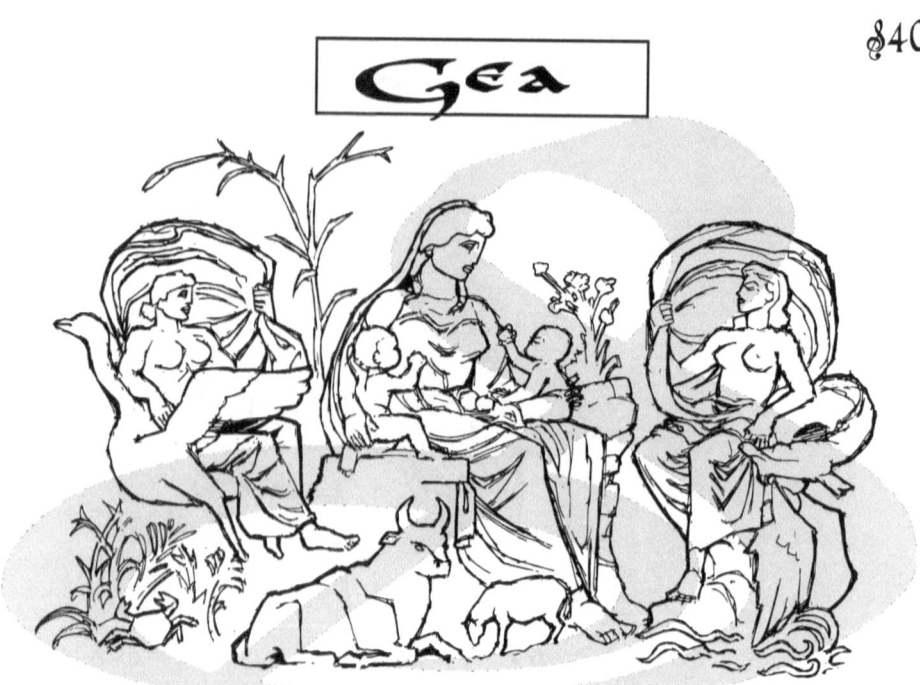

Esta conocida escena del Ara Pacis nos muestra aparentemente una bucólica imagen con Gea como figura central, sin embargo, lo que vemos no es otra cosa que la escenificación de la Gran Obra Alquímica, llena de interesantes indicaciones prácticas.

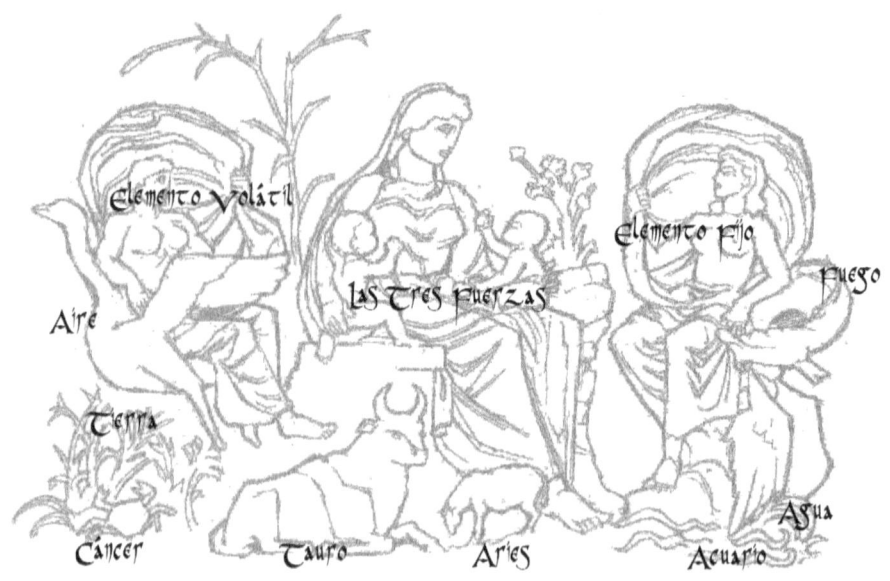

Ares y Venus

§ 41

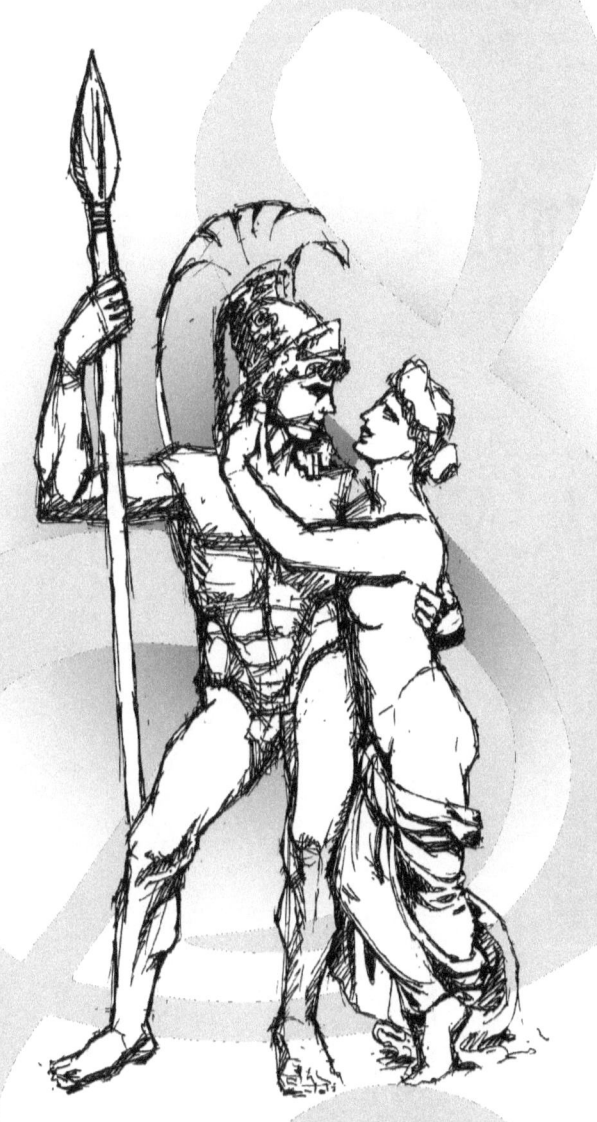

Marte y Venus, opuestos y complementarios en el círculo, la irresistible atracción que ambos sienten por el otro es un motor inagotable y una fuente eterna de placer y conflicto

Continuum

§42

Una lectura superficial nos muestra como Selene activa el Mercurio del Hombre, éste, enfrentado al Tiempo, busca perpetuarse a través de la Mujer, y trata de obtener el Poder necesario para llegar a ella, lo cual pone de nuevo la rueda en marcha, el mismo trazado, desde el punto de vista de la mujer, resulta muchísimo más enigmático y esclarecedor al mismo tiempo.

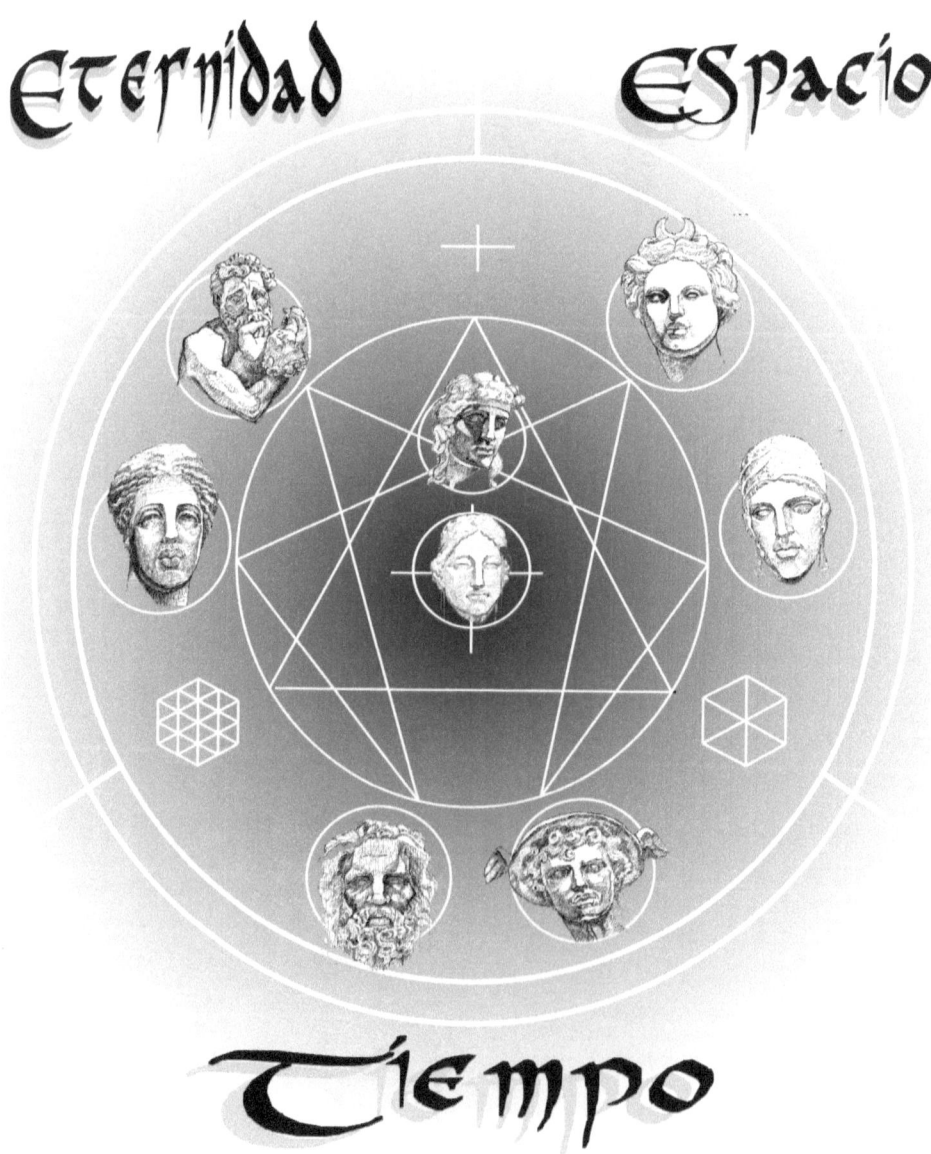

Eternidad · Espacio · Tiempo

El Tiempo de los Dioses

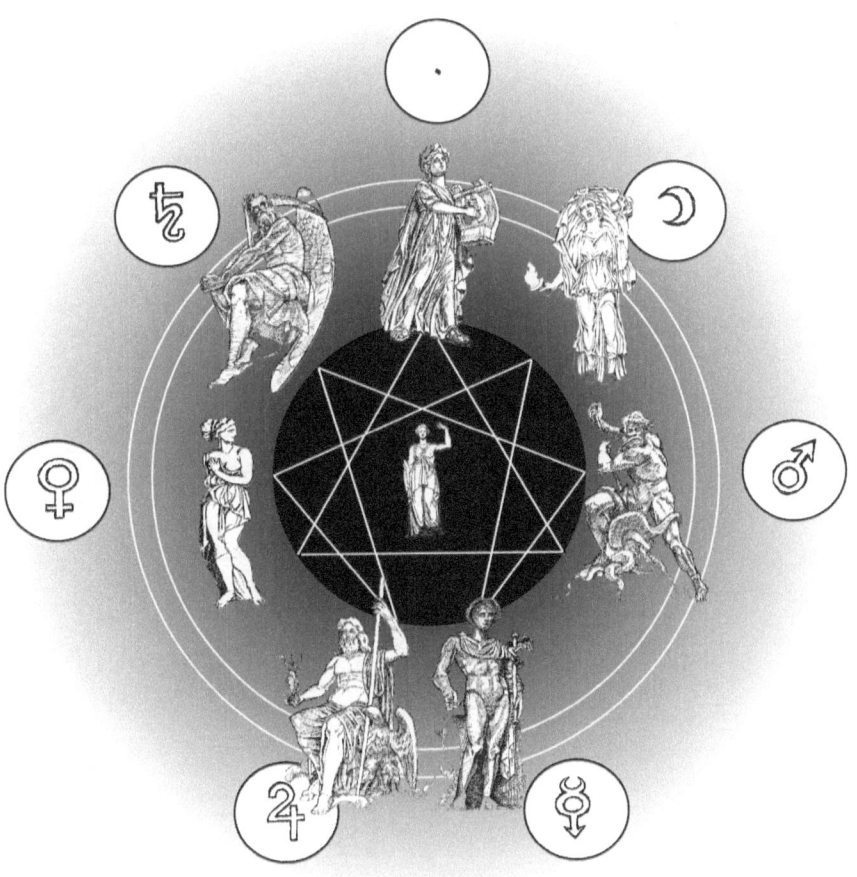

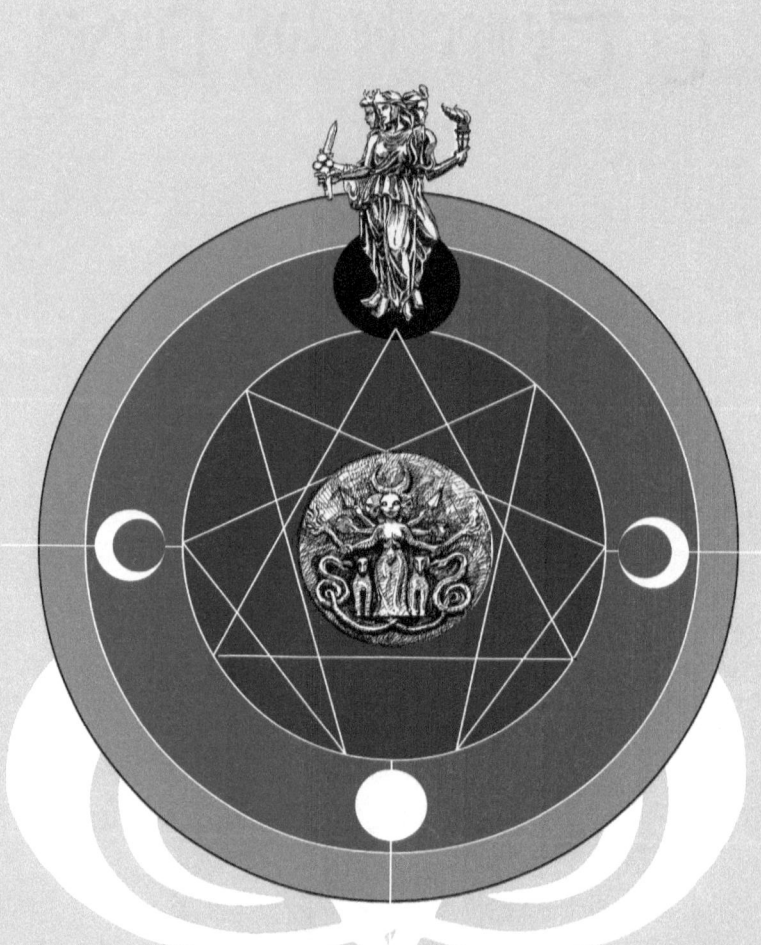

Escala Tonal
Scala Dei

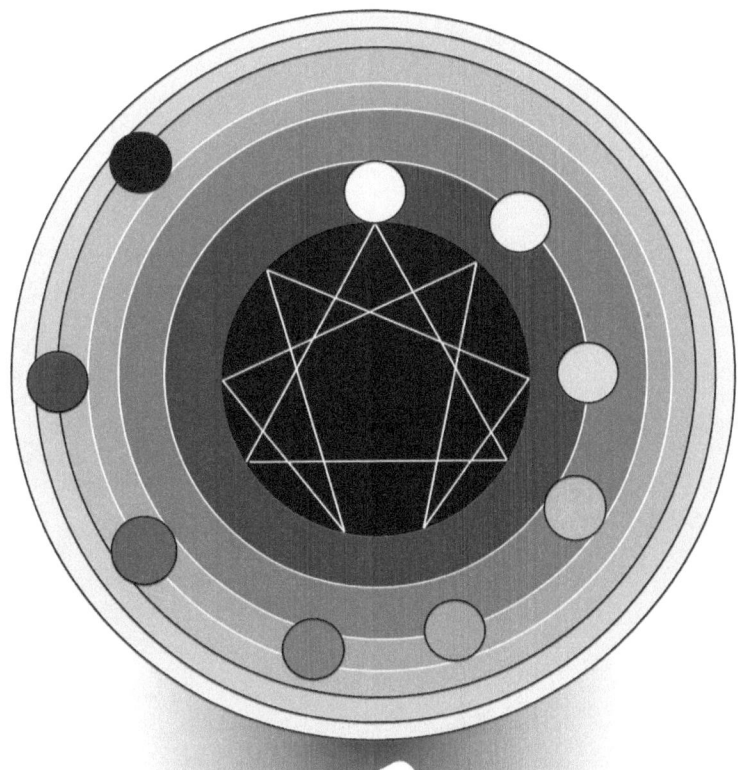

En Torredembarra, en el año del Señor de 2015

www.ingramcontent.com/pod-product-compliance
Lightning Source LLC
Chambersburg PA
CBHW031554210526
45464CB00003B/1296